Roeien

Veltman Uitgevers

Roeien

Keith Maybery

Oorspronkelijke titel: Rowing

Uitgever: Mariëlle Renssen
Eindredactie: Claudia dos Santos, Simon Pooley
Artdirector en ontwerp: Richard MacArthur
Illustraties: David Vickers
Productie: Myrna Collins
Adviezen: John McArthur, James Worrell

Productie en redactie Nederlandstalige editie:
TextCase, Groningen
Vertaling: TextCase, Renée Sanchez-Brands
Omslagontwerp: Ton Wienbelt, Den Haag
Opmaak: De ZrIJ, Utrecht

ISBN 90 5920 055 1

Disclaimer

Dankwoord van de auteur

Een speciaal woord van dank voor mijn vrouw Sandra: door haar niet-aflatende steun en liefde kon ik blijven roeien en coachen, en tegelijkertijd de uitdaging aangaan dit boek te schrijven. Ik dank ook mijn naaste familie en vrienden voor hun motiverende woorden en hulp. Last but not least dank aan mijn roeipartners, vooral degenen wier hulp en inspiratie verder ging dan de boten.

Mijn oprechte dank gaat uit naar Zak Wood, Roger Tobler, Clive Gillman, Graham Cooke, Bernard Frerichs, Darryn Frerichs, Nadine de Kok en Janet Larden voor hun medewerking aan de fotosessies; Mike Cowell voor al zijn hulp bij de fotosessies en de Victoria Lake Club in Germiston, Johannesburg, voor de faciliteiten. Louis O'Brien, Simon Pooley, Richard MacArthur en New Holland Publishers: bedankt voor deze kans.

Inhoud

De traditie van het roeien

Roeien ontstond ten tijde van de Egyptenaren, Grieken, Romeinen en Vikingen. Al deze volken hebben een enorme invloed gehad op de ontwikkeling van het roeien tot een wereldwijd beoefende sport die zowel mannelijke als vrouwelijke deelnemers trekt in alle leeftijdscategorieën. De ontwikkeling van het roeien vloeide voort uit de fundamentele behoefte aan vervoer, verkenningsexpedities en vissen. Het eerste klassieke vaartuig stelde koningen uit de Oudheid in staat hun macht en moed zowel aan hun onderdanen als aan hun vijanden en achtervolgers te tonen.

boven 'DE KOMST VAN DE NOORMANNEN' IN 1000 N. CHR. DIT WANDTAPIJT TOONT EEN VIKINGBARKAS AANGEDREVEN DOOR ZEIL EN RIEMEN. **blz. 9** DE OXFORD-CAMBRIDGE-RACE IN 1944 AANGEMOEDIGD DOOR ROEIERS EN STUDENTEN OP DE OEVERS VAN DE THEEMS.

Vele eeuwen voor de geboorte van Christus en ten tijde van het oude Egypte werden farao's en koningen vervoerd in vaartuigen met meerdere dekken en een groot aantal roeiriemen, die doorgaans werden voortbewogen door meer dan honderd galeislaven.De eerste roeifeesten ontstonden als gevolg van de drang en trots van roeiers die zich door hun mentaliteit van onderlinge rivaliteit graag wilde meten met anderen in wedstrijden.

The Story of World Rowing van Christopher Dodd en *A History of Rowing* van Hilton Cleaver zijn de moeite van het lezen waard en vooral aan te bevelen door hun uitgebreide onderzoek naar en inzicht in de sport. Tegenwoordig vormt het sociale contact met gelijkgestemden in een gezonde omgeving in de openlucht de motivatie voor veel mensen om te gaan roeien. Daarnaast zorgt het glijden over het water in perfect gebouwde en gestroomlijnde roeiboten voor een absoluut gevoel van genot en tevredenheid.

Roeien is na atletiek de oudste georganiseerde sport. De eerste opgetekende regatta vond plaats in 1315 in Venetië. Aan het eind van de 15e en het begin van de 16e eeuw begon de sport door te dringen in Engeland, aangezien men de Theems moest oversteken, waarover indertijd nog maar weinig bruggen liepen. Als gevolg hiervan ontstond een explosieve groei van het aantal mannen dat zich toelegde op de roeikunst, ofwel voor hun eigen vervoer ofwel om anderen tegen betaling de Theems over te zetten of af te varen. Er kwamen steeds meer boten op het water, wat onvermijdelijk leidde tot chaos, en talloze bootongelukken tot gevolg had. Door deze incidenten kwam men tot het inzicht dat roeiers eerst een roeilicentie moesten halen.

Pierre de Coubertin (1863-1937), een Franse baron en de oprichter van de Olympische Spelen, heeft een speciale positie veroverd in de roeiwereld. Uit zijn ontelbare artikelen blijkt zijn grote passie voor roeien, dat hij als de 'ideale tak van sport' bestempelde. Het wekt dan ook geen verbazing dat roeien vanaf de eerste mo-

derne Spelen in 1896 een olympische sport was met het op twee na oudste en op drie na omvangrijkste reglement, na veld- en baanatletiek en de diverse zwemdisciplines.

Roeien wordt beoefend door mannen en vrouwen van alle leeftijden; het verschaft een aangename fysieke activiteit waar je in een mooie en vredige omgeving van kunt genieten. Voor anderen is roeien een intensieve wedstrijdsport die vele inspannende trainingsuren vereist om een hoog niveau van techniek te kunnen bereiken. Daarnaast behelst de sport dagelijks een stuk opvoeding door de onderlinge samenwerking binnen een roeiploeg, de benodigde zelfdiscipline, vastberadenheid en betrokkenheid bij een teamprestatie. De sterke mentale vorming is een voordeel voor iedereen, net als de toename van het uithoudingsvermogen en de fysieke conditie.

Wanneer u begint met roeien, alleen of in een team, en u raakt er meer bedreven in, dan zult u een gevoel van lichamelijke en geestelijke voldoening ervaren dat alles te maken heeft met lekker ronddobberen in een boot.

Om alvast een voorproefje te nemen op het plezier dat u wacht als aspirant-roeier raad ik u aan eens te gaan kijken naar een goedgetrainde roeiploeg in actie of naar een skiffeur die over het water glijdt. U zult genieten van de fysieke precisie en schoonheid in beweging. Zoals voor alle technische sporten geldt ook voor roeien dat het prestatieniveau direct verband houdt met het aantal uren training en mentale concentratie.

ROEIEN IS EEN OLYMPISCHE SPORT SINDS DE EERSTE MODERNE SPELEN IN 1896. IN 1908 WERDEN DE WEDSTRIJDEN BIJ DE SPELEN IN LONDEN GEHOUDEN IN HENLEY-ON-THAMES (BOVEN) EVENALS BIJ DIE VAN 1948. DOOR VERANDERINGEN VAN HET INTERNATIONALE WEDSTRIJDREGLEMENT, MOCHT HENLEY LATER GEEN OLYMPISCHE REGATTA MEER ORGANISEREN, AANGEZIEN STILSTAAND WATER EEN VEREISTE WERD VOOR EEN EERLIJKE STRIJD.

Races en regatta's

De standaard wedstrijdafstand van 2000 m is van toepassing bij de olympische klasse en de meeste internationale en nationale kampioenschappen. Regatta's worden vaak gehouden op waterwegen die door hun specifieke geografische ligging en beperkingen de mogelijke raceafstand bepalen.

De Oxford-Cambridge-race (algemeen bekend als de Boat Race) vindt plaats over een afstand van ongeveer 7 km tussen Putney en Mortlake op de Theems in Londen.

De Henley Royal Regatta heeft daarentegen een raceafstand die beperkt is tot circa 2 km, wat het beschikbare parcours is op de Henley Reach bij Henley-on-Thames.

EEN MANNEN ACHT VERLAAT DE START BIJ DE HENLEY ROYAL REGATTA; OP DE ACHTERGROND HET BEROEMDE TEMPELEILAND.

EEN ARMADA VAN MOTORSLOEPEN VOLGT DE ROEIPLOEGEN VAN DE JAARLIJKSE OXFORD-CAMBRIDGE-RACE OP DE THEEMS IN LONDEN.

Races

Zoals elke sport kent ook roeien het ritueel van de wedstrijdvoorbereiding, inspectie van de boot voor de tewaterlating en afstelling van alle benodigde onderdelen. De laatste bemoedigende woorden van de coach zorgen ervoor dat iedereen goed op de hoogte is van het wedstrijdparcours. De warming-up voor de race hoort onder andere te bestaan uit buig- en stretchoefeningen, waarna de ploeg of skiffeur het water op gaat en de wedstrijdvoorbereiding voortzet door naar het startpunt te roeien. Op weg naar de start maakt de roeiploeg steevast enkele proefstarts.

Waar mogelijk worden de boten bij de achtersteven vastgehouden vanaf het startponton. In andere gevallen wordt een drijvende startprocedure toegepast waarbij de boegen van elke boot op één lijn worden gebracht op het wedstrijdparcours voor het startsein.

Eenmaal in startpositie kan de stuurman (of boegroeier) van een meerkoppige boot of de skiffeur zijn hand opsteken om aan te geven dat zijn ploeg nog niet gereed is; dit mag totdat de starter de namen van de deelnemers afroept. Nadat hij de laatste ploeg heeft omgeroepen, steekt de starter de rode vlag in de lucht en roept 'Klaar voor de start' en lost even later het startschot of roept 'Go!', waarbij hij de rode vlag naar beneden zwaait.

Bij sommige wedstrijden is de rode vlag vervangen door zogenaamde verkeerslichten. In geval van een valse start wordt de bel geluid en zwaait de starter met de rode vlag om de roeiploegen of skiffeurs terug te roepen. Elke roeiploeg mag slechts één valse start maken; bij een volgende valse start wordt de ploeg gediskwalificeerd. Bij veel races is het toegestaan opnieuw te starten wanneer de roeiboot schade oploopt zolang dit gebeurt binnen een afstand van 100 m vanaf het startpunt.

Het parcours van een kampioenswedstrijd wordt uitgezet zoals bij een zwemgala en elke roeiploeg of iedere skiffeur krijgt zijn eigen baan toegewezen. Elke baan is 12,5-15 m breed en wordt afgebakend door rijen van boeien die om de 10 m worden geplaatst. Dit wedstrijdparcours staat bekend als het Albanosysteem. Afwijken van de baan en een andere boot hinderen, al dan niet opzettelijk, wordt door de scheidsrechter bestraft met diskwalificatie.

De boot die het eerst over de finishlijn glijdt, wint, wat een jury vaak met fotocamera's controleert (fotofinish). Aan het einde van de race steekt de scheidsrechter een witte vlag omhoog ten teken dat de wedstrijd heeft plaatsgevonden conform de regels en dat geen enkele ploeg of official protest heeft ingediend.

In het zuiden van Engeland wordt een aanzienlijk aantal kustraces gehouden met bredere boten voorzien van roeibanken op rivieren, open zee en in riviermondingen en havens. Surfplankroeien, een andere achtervolging op open zee, is een populaire racevorm in Australië.

DE OLYMPISCHE ROEIWEDSTRIJD IN 1996 IN GAINESVILLE IS EEN TYPISCH 2000 M-PARCOURS; DE BOEIEN DIE DE BANEN AFBAKENEN, ZIJN GOED ZICHTBAAR. DE ACHTERSTEVEN WORDT VASTGEHOUDEN BIJ DE START.

DE ZWARE MANNEN ACHTPLOEGEN BIJ DE WERELDKAMPIOENSCHAPPEN VAN 1997 IN FRANKRIJK, WAAR DE VS MET EEN HALVE BOOTLENGTE VOORSPRONG WON. DE FINISHLIJN WORDT AAN DE WATEROPPERVLAKTE GEMARKEERD DOOR EEN BUBBELSTROOM UIT EEN PIJP ONDER WATER, WAT DE TAAK VAN DE JURY VERGEMAKKELIJKT.

TWEE SCULLERS GENIETEN VAN EEN RECREATIEF ROEITOCHTJE IN GEZELSCHAP. RECREATIEF ROEIEN MET PARTNER, VRIENDEN OF FAMILIE IS EEN LEUKE MANIER OM SAMEN HET WATER OP TE GAAN, VAN DE NATUUR TE GENIETEN EN TEGELIJKERTIJD FYSIEKE INSPANNING TE LEVEREN. DE BOOT HIERBOVEN HEEFT EEN BREDE ROMP DIE STABIELER OP HET WATER LIGT EN RUIMTE BIEDT VOOR PICKNICKMANDEN EN EXTRA KLEDING.

Recreatief roeien

Niet iedereen heeft de behoefte aan het wedstrijdelement bij roeien. Natuurlijk zijn er beoefenaars die topsport heerlijk vinden en er een echte kick van krijgen, maar er zijn ook roeiers die noch de tijd noch het doorzettingsvermogen hebben om zich serieus toe te leggen op wedstrijdroeien. Laatstgenoemde categorie wil vaak het liefst roeien voor de lichaamsbeweging en genieten van het mooie en vredige landschap. Recreatief roeien, wat over de hele wereld gebeurt, wordt steeds populairder.

Recreatief roeien is een prima bezigheid voor mensen die graag tijd doorbrengen in een boot. Er zijn heel veel waterwegen in de wereld, die eindeloze mogelijkheden bieden voor gezellige roeitrips. De standaard wedstrijdroeiboot kan gebruikt worden voor recreatief roeien op vlak water, maar voor roeitochten en langere excursies worden op maat gebouwde boten (ofwel *gigs*, een soort sloepen) gebruikt.

Sloepen zijn boten met brede balken van soms wel 1 x 11 m, waarin een bemanning past van vier roeiers en een stuurman. Het zijn ongelooflijk stabiele boten, waardoor de boot gemakkelijk in balans kan worden gehouden, in tegenstelling tot een wedstrijdroeiboot. Tijdens roeitochtjes willen u en uw medepassagiers zich natuurlijk niet bezig hoeven houden met in balans blijven, vooropgesteld dat u daartoe in staat zou zijn. De brede romp van de sloep biedt u ook de mogelijkheid kleding en proviand aan boord op te slaan, zodat u onderweg tijdens een dagtrip of langere excursie met overnachting lekker kunt eten en drinken.

U en de rest van de bemanning kunnen zo ontspannen zijn als u wilt en zelf uitmaken hoeveel kilometers u per dag roeit; u hebt alle vrijheid om uw tocht te onderbreken voor koffie, thee of een lekkere borrel op elk moment dat het u zint. Dit maakt recreatief roeien tot een ideale mix van fysieke inspanning en gezelligheid. Tijdens langere excursies wordt u gewoonlijk begeleid door een hulpploeg die voor de 'stoere' roeiers uitvaart in een motorboot, de tenten opzet, maaltijden voorbereidt en het sociale gebeuren van de excursie organiseert.

Recreatief roeien en toertochten maken is één groot feest. Of u nu amateur- of wedstrijdroeier bent, dit is een heerlijke manier om op uw dooie gemak, omgeven door natuurschoon, te genieten van deze sport.

Roeien als behoefte

Vergis u niet: roeien kan een ware verslaving worden! Door tijdgebrek als gevolg van werk of andere omstandigheden kunt u gedwongen worden te stoppen met roeien. Hoe dan ook, na verloop van tijd zult u ongetwijfeld weer aangetrokken worden door deze sport; u zult zich op regelmatige basis prestatiegericht willen toeleggen op roeien of incidenteel een gezellige dagtrip willen maken.

Toch is roeien geen gangbare sport. Om geografische en/of financiële redenen is het vaak niet mogelijk hem te beoefenen. Dit maakt roeiers tot een elitegroep, maar beslist geen elitaire groep. Roeiers staan er over het algemeen heel open voor nieuwe leden op te nemen in hun geledingen, vooral doordat hun keurkorps een kleurrijke erfenis kent en zowel galeislaven als gentlemen, studenten en arbeiders in de armen heeft gesloten. The Oxford-Cambridge-race is nog steeds een van de bekendste en oudste sportevenementen ter wereld. Deze race kreeg wereldwijde bekendheid door de bestseller *True Blue* (1987) van Dan Topolski (verfilmd in 1996). Hoewel boek en film vaak bekritiseerd zijn als ontrouwe weergave van de werkelijkheid, geven zij toch een fantastische voorstelling van de roeiwereld en met name van de twee oudste roeiculturen van de wereld. Ter inspiratie en motivatie is *True Blue* absoluut het lezen of bekijken waard.

True Blue volgt de lotgevallen van een op de proef gestelde Oxfordploeg na de terugtrekking van hun professionele Amerikaanse roeiers. De coach van Oxford, Topolski, bemachtigde de overwinning tegen de favorieten van Cambridge enerzijds dankzij het geluk om de toss te winnen, anderzijds door briljante tactische keuzen en beslissingen en van de stuurman. Zij wisten als beste hun voordeel te halen uit de kort daarvoor gevallen zware regenbuien. Dit benadrukt nog eens de mogelijkheid dat de onervaren underdogs bij het roeien toch kunnen winnen en dat technische superioriteit niet

DE VROUWEN ACHT PASSEREN HET VAK VAN DE WEDSTRIJDOFFICIALS BIJ HET NADEREN VAN DE FINISHLIJN VAN DE PRESTIGIEUZE HENLEY ROYAL REGATTA.

DE TWEE STRIJDENDE PLOEGEN IN DE OXFORD-CAMBRIDGE-RACE NADEREN HET MAGAZIJN VAN HARRODS, AANGEVUURD DOOR HUN STUURMANNEN.

altijd garant staat voor overwinning. Dit element zorgt ervoor dat roeiers altijd gedreven zijn, want er valt een strijd te winnen. Soms valt de beslissing al in de eerste of tweede minuut, wanneer een sterke ploeg een flinke voorsprong neemt. Dat neemt niet weg dat een ploeg bij het startteken van de vlag of het pistoolschot nog enige kans heeft op een onverwachte overwinning

Wie kiest nu eigenlijk voor zo'n veeleisende sport? Roeien trekt ongetwijfeld een heleboel mensen aan. De individualist die er de voorkeur aan geeft alleen te sporten kan zichzelf uitleven in de skiff. Extraverte types en strebers kunnen werkelijk tot het uiterste gaan in deze bootcategorie, zoals een langeafstandsloper. Voor de *teamplayers* of meer sociaal ingestelde personen is het volmaakt synchroon halen roeien een van de meest uitdagende sporten. In een succesvol team zitten geen zwakke schakels. De voorbereidingen en de organisatie van de trainingsschema's en -sessies voor een roeiploeg kosten behoorlijk veel tijd, maar als alles goed gaat en de boot met een behoorlijke vaart over het water glijdt is de beloning onvergetelijk. De natuur is een andere motivatie om te gaan roeien. Op het water zijn we ver weg van de door mensen gevormde maatschappij (zolang motorboten uit zicht blijven). Alleen met onze gedachten of met de geluiden van zwoegende teamleden, die haal na haal maken; wij en de natuur, geen oneerlijke voordelen. Al roeiend in onze boot zijn we volledig aangewezen op onze eigen krachten. Gehoor gevend aan de roep van de natuur om de grenzen van ons fysieke uithoudingsvermogen te verleggen en tegelijkertijd timing en techniek te handhaven - daarom roeien wij. Maar waarom streven wij naar de overwinning? Gewoon, omdat iedereen het succes wil proeven - en om achteraf de stuurman in de plomp te gooien!

EEN WINNENDE CAMBRIDGEPLOEG GOOIT ZIJN STUURMAN OVERBOORD.

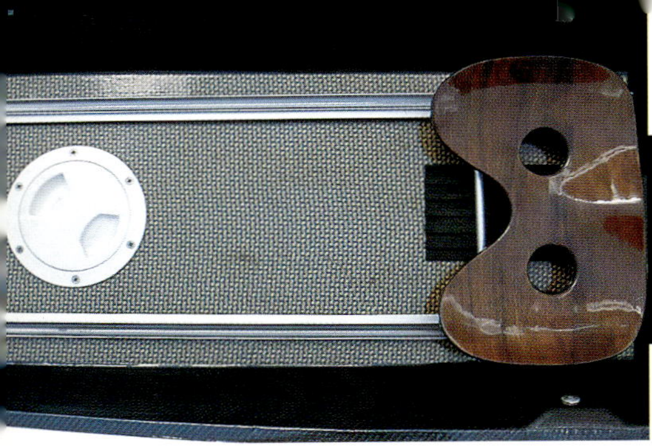

De boten

Ukunt er gevoeglijk van uitgaan dat elke stad in de wereld een roeivereniging heeft, zolang er maar water aanwezig is. De roeisport is bijna overal officieel georganiseerd en wordt op de juiste manier begeleid, wat inhoudt dat de roeiverenigingen over goede clubhuizen beschikken met kleedkamers en bijbehorende voorzieningen. De gevestigde verenigingen beschikken ook over fitnesszalen met roei-ergometers. In bijna alle gevallen zult u ontvangen worden in een aangename omgeving waar u wordt gestimuleerd en ondersteund met de benodigde faciliteiten om goed te leren roeien.

Wanneer u voor het eerst een bezoek brengt aan een roeivereniging zult u eenmaal in de brede loods diep onder de indruk zijn van die rekken vol met lange, gestroomlijnde boten. Al wandelend door het botenhuis zal degene die u rondleidt u vertellen over de diverse roeiboottypen die ondersteboven in de rekken liggen te wachten totdat zij (nog steeds ondersteboven) naar de aanlegsteiger worden gedragen. Deze roeiboten zijn lang, slank en glad afgewerkt, en hebben een harde romp. Beginners halen vaak de termen 'boordroeien' en 'scullen' door elkaar. Roeien is de algemene benaming van de sport en de beoefenaars ervan heten roeiers. Het verschil tussen boordroeien en scullen zit in de manier waarop de boten worden voortbewogen. Bij scullen beweegt een persoon de boot voort met twee scullriemen, elk in een hand. Bij eenmansscullen of skiffen zit u in uw eentje in de boot en gebruikt twee roeiriemen. Scullers kunnen deel uitmaken van ploegen met twee of vier leden die ieder met twee riemen roeien.

Bij boordroeien wordt de boot voortbewogen en gestuurd met één (langere) roeiriem per persoon, die met beide handen wordt vastgehouden. Boordroeien wordt altijd beoefend door ploegen met een even aantal van twee, vier of acht man; zij heten boordroeiers. Het verschil tussen de diverse boottypen blijkt duidelijk uit het overzicht en de indeling van de bootcategorieën op blz. 18. Aan elke uitlegger (rigger) zit één riem vast; de uitleggers dienen vaak ter aanduiding van het boottype.

boven EEN RIJ PRACHTIGE BOOTHUIZEN LANGS DE RIVIER DE SCHUYLKI IN PHILADELPHIA, VS.

blz.17 DE BINNENKANT VAN EEN ACHT; EEN COMPACTE EN STRAKKE INRICHTING ZONDER FRANJE.

Bootcategorieën

Bootklassen	Namen	Samenstelling	Afmetingen	Min. wedstrijdgewicht
Acht met stuurman	Acht (8+)	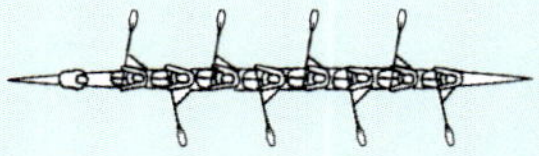	Lengte: 16,8-17,6 m Grootste breedte: 0.56 m	96 kg
Dubbelacht met stuurman	Dubbelacht (8x+)	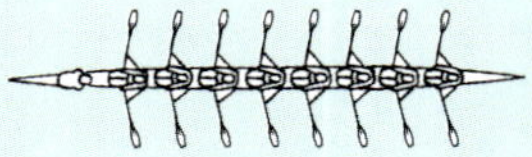	Lengte: 17-17.6 m Grootste breedte: 0.56 m	100 kg
Dubbelvier zonder stuurman	Dubbelvier (4x)	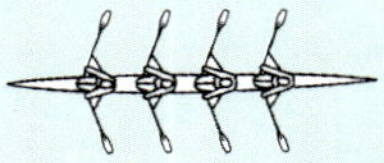	Lengte: 11,78-12,89 m Grootste breedte: 0,43 m	52 kg
Dubbelvier met stuurman	Dubbelvier met (4x+)	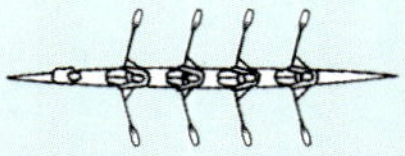	Lengte: 12,89-13,65 m Grootste breedte: 0,43-0,46 m	54 kg
Vier zonder stuurman	Vier zonder (4-)	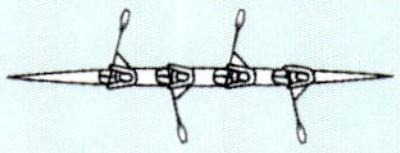	Lengte: 11,78-12,89 m Grootste breedte: 0,43-0,46 m	50 kg
Vier met stuurman	Vier met (4+) (4+)	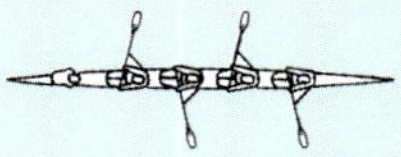	Lengte: 12,89-13,65 m Grootste breedte: 0,46-0,47 m	51 kg
Dubbeltwee	Dubbeltwee (2x)	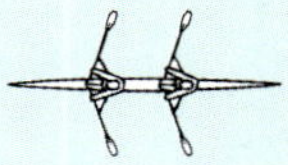	Lengte: 9,40-9,98 m Grootste breedte: 0,33-0,35 m	27 kg
Twee zonder stuurman	Twee zonder (2-)	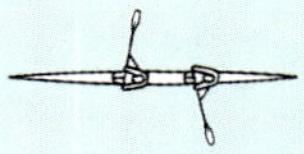	Lengte: 9,40-9,98 m Grootste breedte: 0,33-0,35m	27 kg
Twee met stuurman	Twee met (2+)	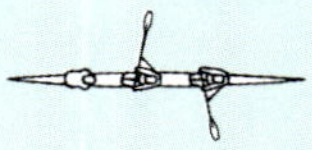	Lengte: 10 m Grootste breedte: 0,37 m	32 kg
Eenmanssculler	Skiff (1x)	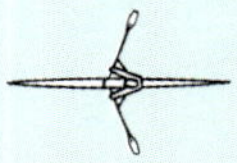	Lengte: 7,78-8,33 m, Grootste breedte: 0,27-0,29 m	14 kg

(De afkortingen van de bootnamen staan tussen haakjes.)

EEN ACHT IS HEEL LICHT VOOR EEN BIJNA 18 M (60 VOET) LANGE BOOT, MAAR MET BEMANNING KAN HET MEER DAN 1000 KG WEGEN.

Grootste breedte en lengte

Met 'grootste breedte' wordt verwezen naar het midden van de boot; de term 'lengte' spreekt voor zich. Bootlengten en -breedten variëren dusdanig dat de boten verschillende gemiddelden aan lichaamsgewicht van de bemanning kunnen dragen. Hoe langer en breder de boot, hoe groter de capaciteit van waterverplaatsing. Hoe zwaarder de roeier of ploegleden, hoe groter de boot moet zijn in de betreffende klasse.

geheel boven VOETENBORD MET STUURMECHANISME ZONDER STUURMAN.

boven EEN DUBBELACHT HEEFT ACHTTIEN RIEMEN EN RIGGERS.

Zonder en met stuur

'Zonder stuur' houdt in dat in de boot geen voorziening is voor een stuurman; een 'vier zonder' heeft dus geen stuurman. Boten zonder stuur omvatten typen met vier enkele riemen en een even aantal dubbele riemen, maar normaliter zijn alle scullerklassen zonder stuurman, met inbegrip van de dubbelvier, dubbeltwee en de skiff. De dubbelvier met stuurman is echter een type dat vaak voor beginners of schoolwedstrijden wordt gebruikt.

'Met stuur' verwijst naar een boot die gewoonlijk wordt aangestuurd door een stuurman. In deze boten beschikt de stuurman/-vrouw over zijn/haar eigen zitplaats van waaruit hij/zij de boot bestuurt. Dit kan zowel zittend in de achtersteven van de boot of liggend voor in de boot met het gezicht naar de boeg. De stuurman/-vrouw bestuurt de boot door met zijn/haar handen te trekken of duwen aan de twee kabels die aan weerszijden van de boot met het roer verbonden zijn.

DE STUURMAN ZIT ACHTERIN MET EEN MODERN SPEAKERSYSTEEM.

Wat is een dubbelacht?

Een aantal roeilanden heeft een dubbelacht opgenomen in hun voorzieningen voor schoolkinderen die tijdens het leren scullen voor het eerst kennismaken met teamwork. Een voor boordroeien bestemde acht wordt omgetoverd in een boot toegerust voor jonge kinderen die hun eerste scullerpogingen ondernemen.

Hierin leren acht personen in dezelfde boot tegelijkertijd scullen, wat goedkoper is. Bovendien kun je bij dubbelacht achten van extra riggers voorzien. Zo kan de dubbelacht zowel voor scullen als boordroeien worden gebruikt.

De boeg en de achtersteven

In een jacht, kano of motorboot zit u altijd met uw gezicht naar de boeg van het vaartuig, de zogenaamde scherpe punt. De achtersteven is het uiteinde van de boot, waar de motor en/of het roer zitten. In een roeiboot of sculler zit u echter met uw gezicht naar de achtersteven en uw rug naar de boeg gekeerd.

Het scherpe uiteinde van de boeg heeft geresulteerd in regelgeving waarin wordt voorgeschreven dat tijdens trainingen en wedstrijden altijd een boegbal (een solide, witte rubberen bal die veel weg heeft van de bal op een trekhaak van een auto) moet worden gebruikt. Deze bal verkleint het risico op zware verwondingen en schade aan de boot als u op iemand in zou roeien. Desondanks kan de hoeveelheid schade aanzienlijk zijn. De boegbal vergemakkelijkt verder de taak van de jury bij het beoordelen van welke boot als eerste de finishlijn is gepasseerd.

Bakboord en stuurboord

In het algemeen gelden de volgende principes kijkend van de achtersteven naar de boeg met de boegbal:

- De rechterkant van de boot is de walzijde, stuurboord genoemd, met groen als kleurcode.
- De linkerkant is de slagzij ofwel bakboord, met rood als kleurcode.

De wedstrijdroeiboot

Het bouwen van boten is aan weinig restricties onderhevig. Het Reglement van de FISA, de Internationale Roeifederatie, bepaalt in artikel 27 van deel IV, 'Boten

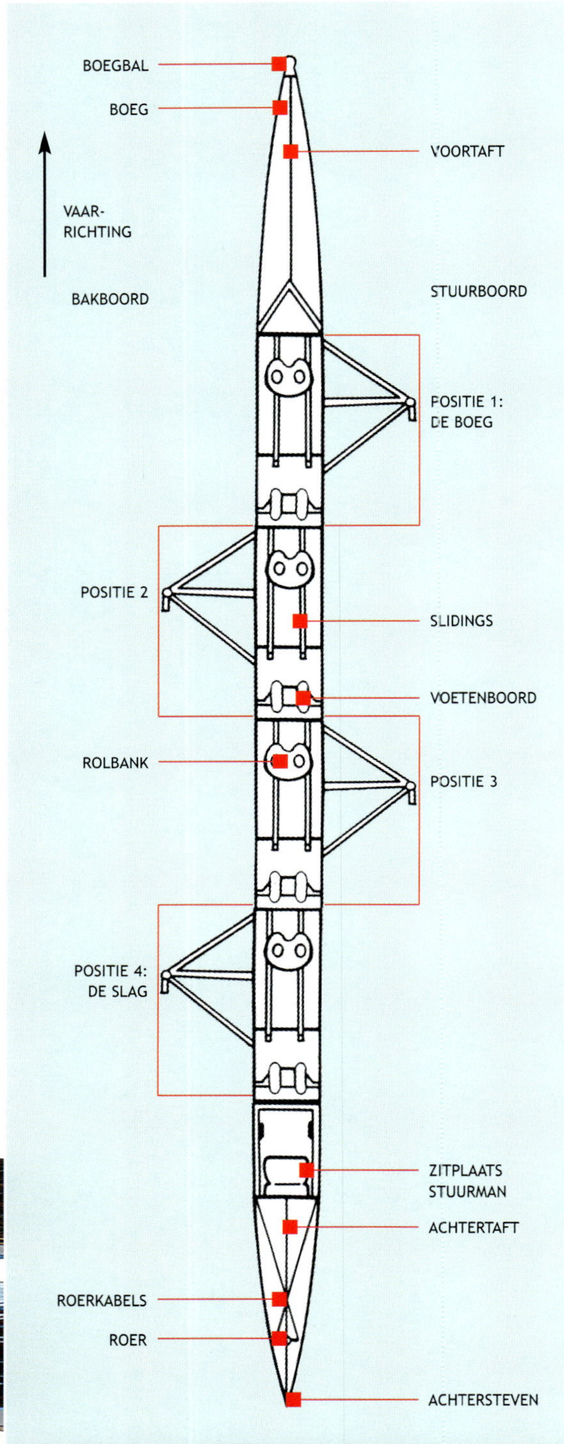

boven EEN VIER MET STUUR GEZIEN VAN BOVEN.

links BOEG MET BOEGBAL; OP DE ACHTERGROND EEN ACHTERSTEVEN.

en Botenbouw', dat "...voor de constructie en afmetingen van boten en riemen [..] in beginsel geen restricties gelden, maar hierop [...] wel de beperkingen van toepassing [blijven] zoals omschreven in artikel 1, paragraaf 1 en 2", waarin de definitie van roeien wordt gegeven. De enige echte opgelegde restricties staan in het voorschrift 1.4, waarin wordt bepaald dat er geen materialen of constructies voor de romp mogen worden gebruikt, zoals ribben, die de natuurlijke eigenschappen van het water of het wateroppervlak zouden kunnen beïnvloeden. Voorschrift 2.7 legt een aantal beperkingen op aan het gewicht van een boot.

WEDSTRIJDBOOT MET TRIPLEX DEK EN RIBBEN.

Materialen van de wedstrijdroeiboot

De traditionele lichtgewicht en met de hand vervaardigde houten constructies van gestroomlijnde roeiboten hebben zich geleidelijk ontwikkeld tot ultramoderne kunststof materialen afgeleid van de ruimtevaarttechnologie. Wedstrijdboten wegen nauwelijks iets, maar zijn uitzonderlijk sterk en robuust. Toch blijven ze erg kwetsbaar. Bij de laagsgewijs vervaardigde sandwichconstructie van moderne boten wordt een combinatie gebruikt van hoofdbestanddelen van kevlar, eenzijdig koolstofvezel, en Nomex. Deze materialen zijn duurzaam, vrijwel onslijtbaar en garanderen een maximale draagkracht over de lengte en een minimale flexibiliteit. Met hoogwaardige epoxyharsen wordt de minstens uit drie lagen bestaande sandwichconstructie gevormd. In het eindstadium van de productie van de natte materialen wordt het in een mal gevormde vacuüm onder extreem hoge temperaturen uitgehard, wat een buitengewoon sterke en toch lichte en onbuigzame romp oplevert. De vooraf geïmpregneerde koolstofvezelmaterialen van het binnendek worden met de romp samengevoegd, waardoor de totale onbuigzaamheid van de boot en de draagkracht overlangs nog worden versterkt.

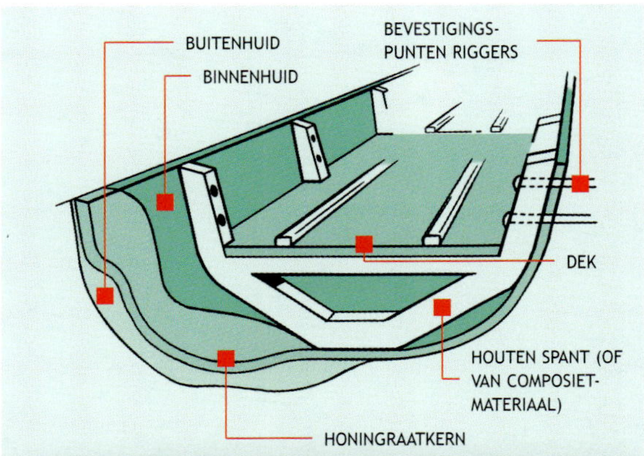

DWARSDOORSNEDE VAN EEN MODERNE WEDSTRIJDBOOT.

Onderhoud

De levensduur van moderne roeiboten is aanzienlijk toegenomen, terwijl de noodzaak tot onderhoud is afgenomen. Krassen, gaten en scheuren in de romp kunnen tegenwoordig snel verholpen worden. Zelfs boten die bijna letterlijk in tweeën zijn gebroken kunnen gerepareerd worden en vervolgens nog vele jaren meegaan.

Houd uw roeiboot goed schoon en herstel krassen en gaten zodra die optreden. U kunt bij de meeste ijzerwinkels epoxyharsproducten verkrijgen geschikt voor lopende reparaties die u eventueel ter plekke kunt uitvoeren. Sommige onderdelen van de boot hebben om de zoveel tijd een controle- en onderhoudsbeurt nodig; een groot aantal van de bewegende delen moet u regelmatig laten vervangen.

Kijk de bootonderdelen regelmatig na - bijvoorbeeld voor elke tewaterlating -, zodat de boot in een goede algemene conditie blijft en u er zeker van bent dat alles nog veilig op zijn plaats zit.

Een wedstrijdroeiboot met toebehoren

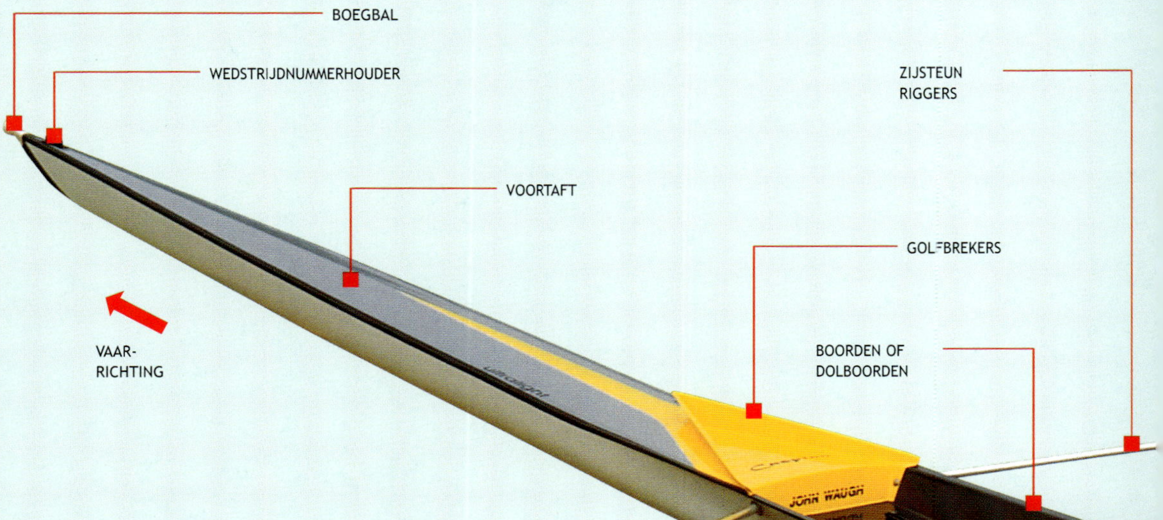

De kuip

De kuip of cockpit is het besloten gedeelte waarin u zit tijdens het roeien. In de kuip zit het rolbankje, dat op twee aluminium rails (*slidings*) loopt van circa 80 cm. Het bankje zit met wieltjes veilig bevestigd in de slidings en wordt bij het voor- en achterwaarts schuiven op de slidings aan de uiteinden tegengehouden door stootblokjes.

Het voornaamste doel van het rolbankje is de potentiële kracht van uw benen ten volle benutten. Door hem heen en weer te schuiven kunt u uw lichaamshouding aanpassen om voor de volle honderd procent te profiteren van de beschikbare mechanische krachten die voortkomen uit uw lengte, reikwijdte en lichaamsmassa.

ROLBANKJE OP WIELTJES.

DE RIGGERS, DOL EN DOLOVERSLAG.

Iedere serieuze roeier zou de namen van alle bootonderdelen moeten kennen. De namen van de diverse onderdelen zijn gelijk voor alle bootklassen, zoals de hieronder afgebeelde skiff.

De spoorstok (het voetenbord)

Op de spoorstok of het voetenbord klemt u uw voeten vast in de boot. Dit voetenbord bestaat uit een paar sportschoenen en een verstelbare steunplank. Het voetenbord kan gemakkelijk versteld worden om zo goed mogelijk aan te sluiten bij de flexibiliteit, omvang en lengte van uw benen. De schoenen kunnen ook op het bord naar beneden of naar boven versteld worden, zodat u uw voeten en benen zo kunt plaatsen dat u uw beenkracht optimaal gebruikt. Het is van belang de hoek van het voetenbord zorgvuldig af te stellen. De flexibiliteit van enkels, pezen en overige beengewrichten speelt een belangrijke rol, voor zo veel mogelijk kracht, maar ook voor het vasthouden van een constant ritme.

Gekartelde nylon strips houden het voetenbord op zijn plaats, waarvan één vastzit op de bodem van de boot en twee andere links en rechts aan de achterkant van het voetenbord. In oudere boten zit het voetenbord vast met vleugelmoeren.

Bij boten zonder stuurman stuurt een van de ploegleden door middel van een met nylon beschermde kabel die aan een beweegbare schoen vastzit op een van de voetenborden in de boot. De kabel loopt van dat voetenbord naar het roer.

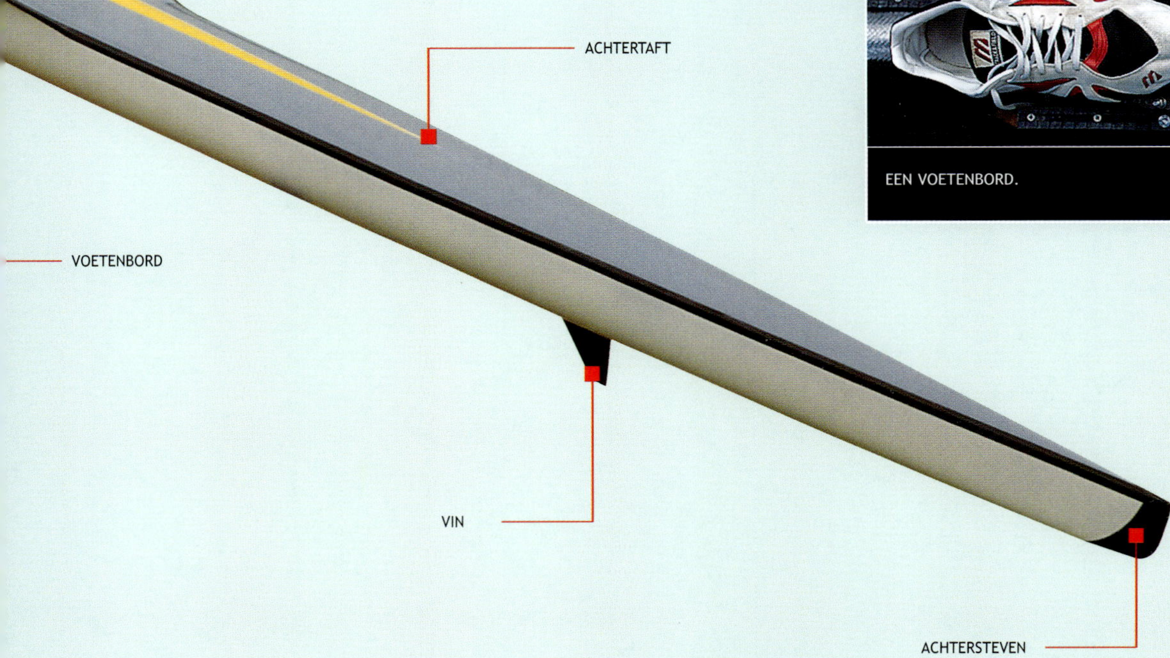

EEN VOETENBORD.

Riggers en rigging

Naarmate u meer getraind raakt in de techniek van boordroeien en scullen, wordt de afstelling van de riggers steeds belangrijker. Er zijn veel technische boeken over roeien voor gevorderden die dieper op dit onderwerp ingaan, maar voor de beginners behandelen we hier alleen de basis en het 'vaarklaar' maken van de boot. Vervolgens komt het technische jargon aan bod.

U kunt het afstellen van de riggers het best overlaten aan de coach. Hij kent de fijne kneepjes van het vak en zal u de *ins* en *outs* bijbrengen van de roeihaalcyclus.

Met het afstellen van de riggers wordt geprobeerd de beste omstandigheden te creëren om tot het uiterste te kunnen gaan, ook wat uw fysieke mogelijkheden betreft. Dit bereikt u door de boot zo aan te passen dat u zich er comfortabel in voelt. Hierdoor verhoogt u ook uw technische niveau, waardoor u steeds sneller gaat roeien.

Als u niet onder supervisie van een coach staat en u wilt zich toch verdiepen in de afstelling van de riggers, zodat u die kunt aanpassen aan uw eigen behoeften, raad ik u aan het hoofdstuk over riggers te lezen in Steven Redgrave's *Complete Book of Rowing*.

EEN ACHT HEEFT VIER RIGGERS AAN WEERSZIJDEN VAN DE BOOT.

Uitleggers

De uitleggers (of riggers) van boordroei- en scullboten zijn verstelbaar, vergelijkbaar met de versnellingsmechaniek van een fiets, alleen moeten roeiers de uitleggers en riemen van tevoren af stellen. Dit kan niet terwijl ze roeien. Door deze aanpassingen kan de beschikbare hefboomwerking worden vergroot of verkleind. De riemen gaan in de dollen, die met een dolpen (ook wel riempin) op de riggers zijn bevestigd.

Het is belangrijk te weten wat het effect is van deze veranderingen op uw roeitechniek en enigszins bekend te zijn met de dynamica waarmee u te maken hebt. Net als bij fietsen moeten bij boten de versnellingsratio's specifiek worden ingesteld voor de persoon die het werk verricht. Het aanpassen van de hefkracht is te vergelijken met het kiezen van de juiste versnelling op een fiets; bij roeien wordt dit afstellen genoemd. Individuele afstellingen zijn bedoeld om te streven naar een optimale prestatie van de ploeg als geheel. Hierdoor is het team of de skiffeur beter opgewassen tegen de afstand van de race in kwestie en invloeden van buitenaf, zoals wind en stroming. De coach zal erop toezien dat u met de riem een zo groot mogelijke boog bestrijkt voor een zo'n efficiënt en lang mogelijke haalbeweging. Bij het afstellen van de riggers worden de volgende termen gebruikt:

Het span

Het span wordt afgesteld met een meetlint, waarbij gemeten wordt vanaf het midden van de boot tot het midden van elke dolpen van de rigger.

Verstellen van de dolhoek of helling in de lengterichting van de boot

Deze verstelmogelijkheid beïnvloedt de dolhoek ten opzichte van de rigger en daarmee de hoek van het roeiriemblad ten opzichte van het water. Met deze afstellingen wordt de bladstand bij de in- en uitpik vervolmaakt.

Zijdelingse afstelling van de dolhoek of helling

Dit is de stand van de dolpen, die gevolgen heeft voor de hoeveelheid water waarmee het blad wordt bedekt tijdens de haalcyclus. Voor de zijdelingse aanpassingen van de dolhoek ten opzichte van de rigger gelden dezelfde opmerkingen als voor afstelling in de lengterichting.

Instellingen binnen- en buitenboord

De instellingen voor hogere en lagere versnellingen beïnvloeden de hefkracht en worden aangebracht via de rigger. Een nauwkeuriger aanpassing van de hefkracht vindt plaats via het riemgedeelte binnen- en buitenboord. Dit kan eveneens ingrijpende gevolgen hebben voor de boog en de lengte van de haal.

Helling van het blad

De fabrikant van de roeiriem stelt de hoek van de riem (meestal) op 0°, maar nooit groter dan 2°. Samen met het achterframe bepaalt dit de hoek van de inpik van het blad in het water.

De dol

De dol houdt de boordroei- of scullriem op zijn plaats. De schacht wordt in de dol geplaatst, voordat hij wordt afgesloten met de doloverslag. Dit is een metalen pen die de U-vormige dol aan de bovenkant afsluit. Er zijn verschillende doltypen, de meest gebruikte staat afgebeeld op foto D met vier paar verloopstukken. Met deze adapters kan de dol tussen 1 en 7° worden afgesteld ten opzichte van het achtersteven- en boegframe zonder neveneffecten.

Dolhoogte

De hoogte van de dol is belangrijk, omdat dit de hoogte van de handel bij de haal beïnvloedt. Het lichaamsgewicht van de ploeg of de individuele sculler heeft invloed op de waterverplaatsing door de boot en de ligging van de boot in het water. Aanpassingen van de hoogte van de rigger en die van de dol zorgen voor een betere verplaatsing van het blad door het water. De meest conventionele methode om de dolhoogte te meten is om de hoogte van de dolonderkant op 14-18 cm boven het laagste punt de van de rolbank te houden. De dolhoogte kan preciezer worden ingesteld met een lange rechte lat en een rolmaat.

A

B
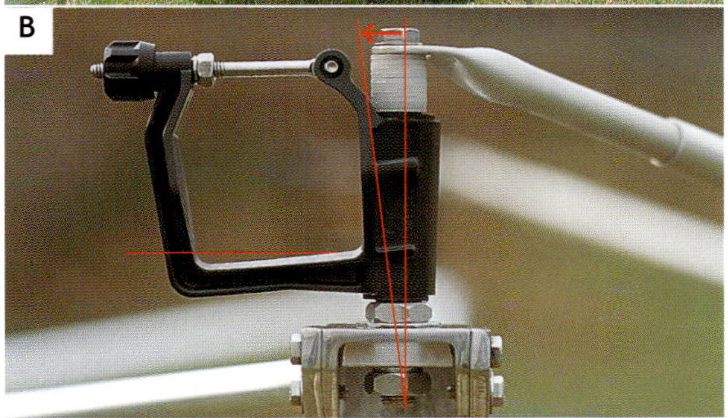

C
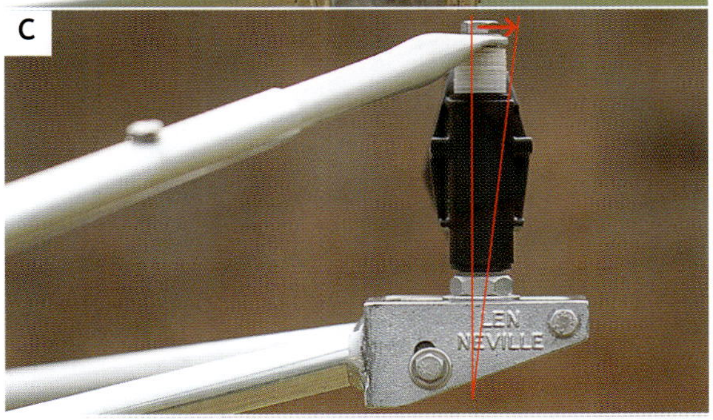

D
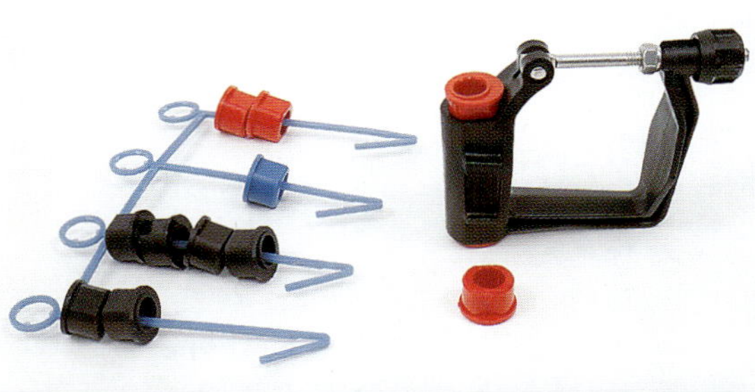

A MET EEN MEETLINT WORDT HET SPAN GECONTROLEERD.
B ACHTERFRAME EN DOLHOOGTE VANAF DE ZIJKANT VAN DE BOOT.
C ZIJFRAME VANAF DE BOEG VAN DE BOOT GEZIEN.
D DOL EN VERLOOPSTUKKEN VOOR DE AFSTELLING IN DE LENGTE.

Boordroeiriemen en scullriemen

Een roeiboot of een sculler wordt door één roeier voortbewogen of door ploegen van twee, vier of acht roeiers die (meestal) roeiriemen van koolstofvezel gebruiken die passen bij de technische vaardigheid van de roeier. Door moderne materialen als koolstofvezel is het nu mogelijk riemen te produceren die sterker en veel lichter zijn en aanpassingen aan de krachtsoverbrenging mogelijk maken.

Termen voor boordroei- en scullriemen

Moderne boordroei- en scullriemen zijn verstelbaar om in te kunnen spelen op de specifieke eisen van de bemanning. De volgende technische termen worden gebruikt ter aanduiding van de verschillende onderdelen van deze riemen.

■ **Binnenboord (de binnenhandel)** is de lengte van de handel aan de riem, met meetlint gemeten vanaf de buitenste rand van de riemhandel tot de binnenkant van de riemkraag. Het binnenboordgedeelte kan worden aangepast door de handelverhouding te wijzigen, afhankelijk van de marge die de manchet toelaat; zo wordt de krachtsoverbrenging van de haal vergroot of verkleind. Hierbij wordt altijd rekening gehouden met de bestaande overspanning van de riggers.

■ **Buitenboord (de buitenhandel)** is de lengte van de riemschacht tussen de riemkraag en het uiteinde van het riemblad. Aanpassing van het binnenboordgedeelte heeft direct gevolg voor het gedeelte buitenboord.

■ **Riemlengte**: de totale lengte langs de riem-as vanaf het midden van het blad tot aan het uiteinde van de handel. Boordroei- en scullriemen worden in verschillende lengten gemaakt; tegenwoordig kunt u de totale lengte zelf ook verstellen (lengte = binnenboordgedeelte + buitenboordgedeelte).

■ **Het blad** is in de loop der jaren aanzienlijk veranderd. In het begin waren het lange, smalle houten bladen, totdat in de zeventiger jaren het bredere Macon-ontwerp op de markt kwam. Tegenwoordig wordt het algemeen bekende Cleaver(=hakmes)-blad gebruikt. De bladen worden ook wel Big Blades genoemd. Het voordeel van het Cleaver-blad ten opzichte van het Macon-blad is dat het niet wegglijdt bij de inpik in het water aan het begin van de haalcyclus.

Cleaver-boordroeiriem (boven) en Cleaver-scullriem

De zogenoemde binnenboord of binnenhandel zit aan de binnenkant van de rigger; de buitenhandel bevindt zich altijd boven het water. Het blad is het enige gedeelte dat tijdens een normale haal in het water zou moeten steken. De manchet is van plastic om de schacht te beschermen tegen eventuele beschadigingen door het voortdurend hard stoten tegen de kraag.

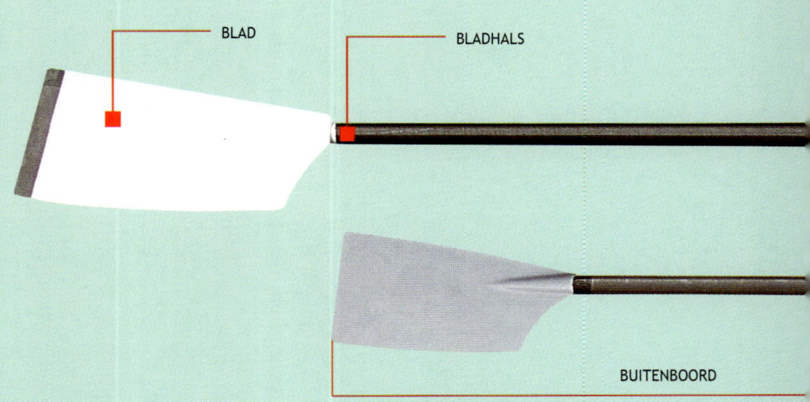

Riemconstructie

Bij de productie van roeiriemen worden tegenwoordig kunststof materialen gebruikt (vroeger waren de riemen van hout); sinds de komst van koolstofvezel zijn de riemen 50-60% lichter geworden dan hun voorgangers. Net zoals de moderne wedstrijdboot zijn ze dus veel lichter maar toch bijzonder sterk. Voor de productie van de riemen bestaan evenmin restricties, behalve dan die (zuiver om veiligheidsredenen) verband houden met de randen van de bladen. De dikte van bladen van boordroeiriemen is vastgesteld op 5 mm; die van scullriemen moeten minimaal 3 mm zijn.

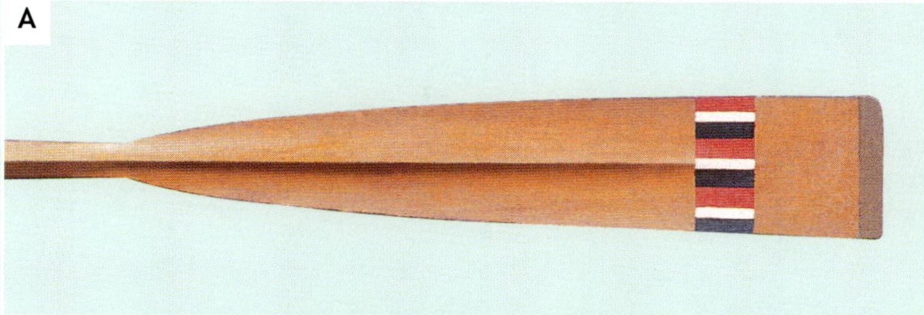

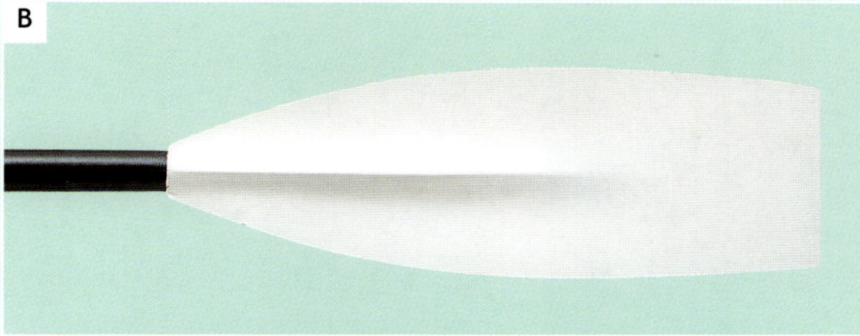

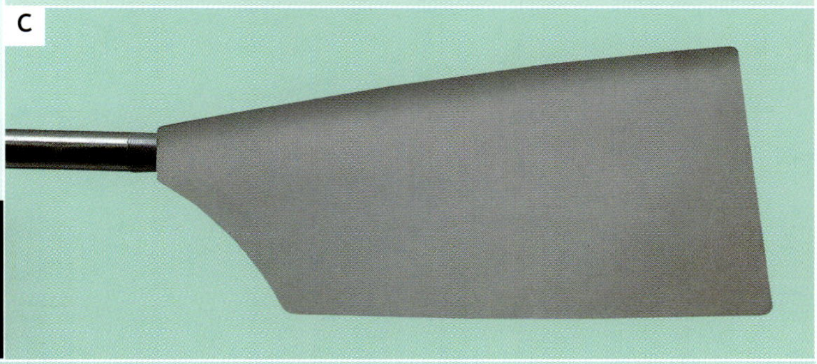

A EEN RIEMBLAD VAN VOOR 1950.
B EEN MACON-BLAD.
C EEN CLEAVER-BLAD.

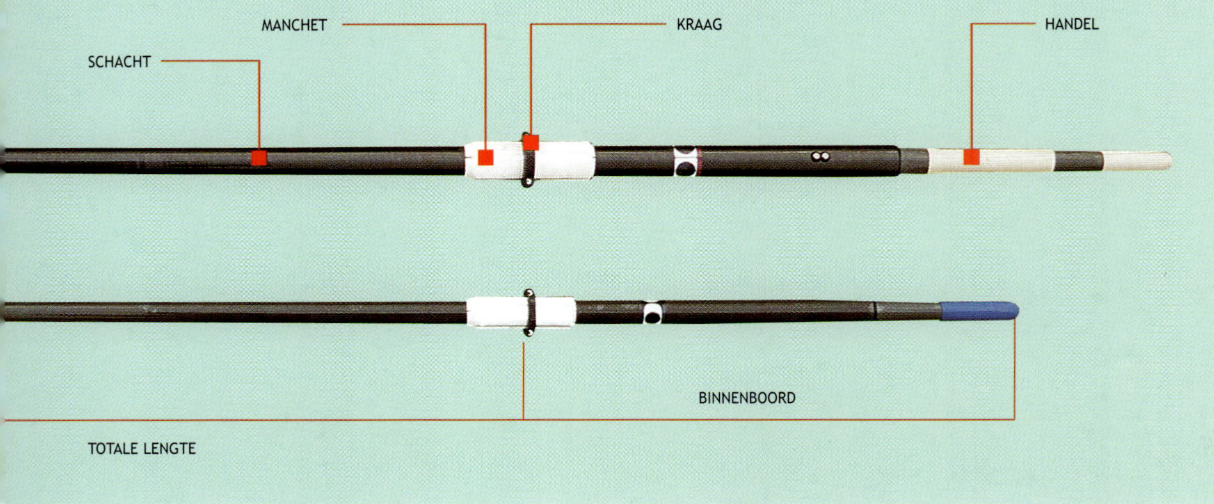

Veiligheid en kleding

Ken de lokale vaarregels

Roeiongelukken kunnen natuurlijk wel voorkomen, maar ze gebeuren in de meeste gevallen doordat iemand op het water de regels niet heeft gevolgd, gevaarlijke weersomstandigheden heeft genegeerd of niet op de hoogte was van de lokale watersituatie. Roeiers zouden in alle gevallen allereerst hun persoonlijke veiligheid en die van alle andere watergebruikers in acht moeten nemen. Bereid u daarom altijd goed voor als u het water op gaat, zeker wanneer u zich op onbekend terrein begeeft.

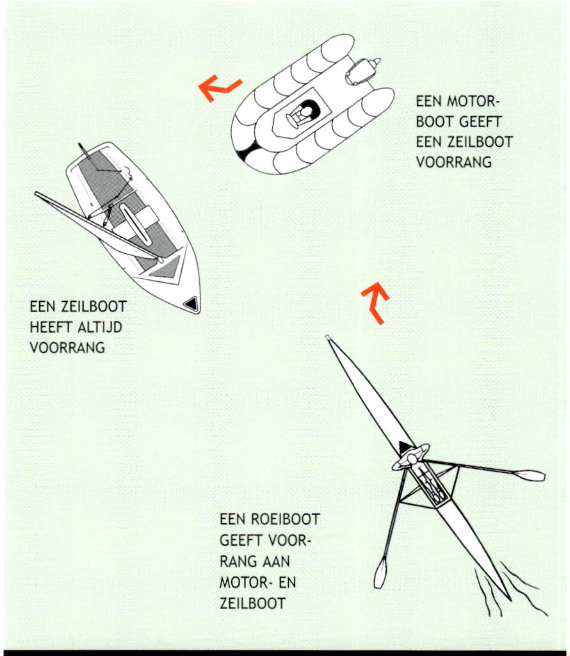

linksboven DE 'VEILIGE POSITIE' VOOR BEGINNERS, DE HANDEN LINKS BOVEN RECHTS GEKRUIST EN DE RIEMHANDELS LEUNEND OP DE KNIEËN.

boven DE VOORRANGSREGELS OP HET WATER.

rechts DE AFDEKKLEP VAN DE LUCHTKAST

blz. 29 ZELFS ERVAREN TEAMS ALS DE IN HET BLAUW GEKLEDE PLOEGEN VAN OXFORD EN CAMBRIDGE KUNNEN ZINKEN BIJ RUW WATER, ONDANKS VEILIGHEIDSMAATREGELEN ALS HET LEEG HOZEN VAN HUN BOOT.

Belangrijke internationale vaarregels

- Bestudeer voordat u het water op gaat de lokale vaarregels.
- Wees voorbereid op noodsituaties, weet waar de EHBO-doos zit en ken alle alarmnummers.
- Roeiboten horen stuurboord walzijde te houden en motor- en zeilboten voorrang te verlenen. In werkelijkheid is het echter niet gemakkelijk een roeiboot in volle vaart te stoppen, wat dat voorrang verlenen bemoeilijkt. Bovendien brengt de deining van grotere boten de roeiboot uit balans.

U moet kunnen zwemmen

In roeiboten bent u niet verplicht zwemvesten of reddingsboeien bij u te hebben. Daarom, voor uw eigen veiligheid en omdat het dragen van een zwemvest niet praktisch is bij het roeien, is het heel belangrijk dat u goed kunt zwemmen in open water. Dit geldt vooral voor de skiffeurs. Probeer dit eens uit. Rekening houdend met de aard van het water waar u normaalgesproken op vaart, moet u al zwemmende minstens 50 m achter elkaar kunnen afleggen met al uw kleren nog aan of 400 m in zwemkleding.

Als u in het water bent gevallen, moet u ook weer in uw boot kunnen klimmen. De boten van de begeleiding moeten altijd zwemvesten en/of reddingsboeien aan boord hebben en een 25 m lang touw om roeiers in nood te helpen.

Voordat u het water op gaat, moet u aan de volgende punten denken:

- Is er genoeg ruimte bij de aanlegsteiger om uit te varen?
- Let op de bewegingen van andere boten: waar komen ze vandaan, waar gaan ze heen?
- De heersende weersomstandigheden, wind, bewolking, de mogelijke dreiging van bliksem en onweer. Kan het gaan misten en/of regenen?
- Is uw uitrusting in orde? Hebt u een moersleutel?
- Zit de boegbal goed vast en zitten de hielen van uw schoenen stevig vast aan de veiligheidsriemen?
- Heeft de coachboot zwemvesten en een touw?
- Als u in het donker het water op gaat, zorg er dan altijd voor dat u in het gezelschap van een andere skiffeur bent en dat er op uw boot een rood flitslicht zit, vergelijkbaar met de achterlamp van een fiets.

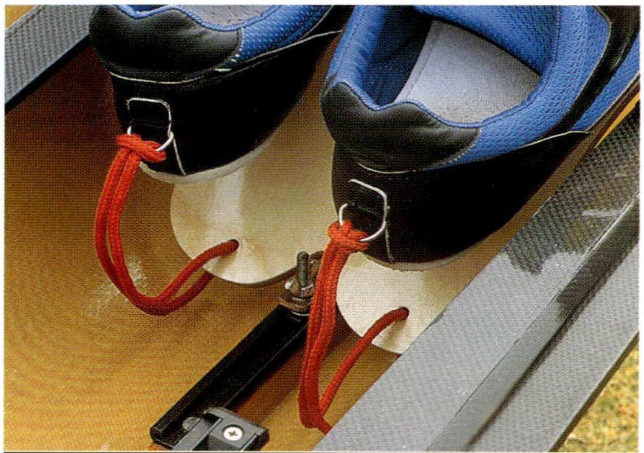

links MAAK DE SCHOENEN VOOR VERTREK MET HIELSTRIPS AAN HET VOETENBORD VAST.

Wees alert op het water

- Volg de lokale vaarregels.
- Probeer steeds te anticiperen op het botenverkeer dat eraan komt. Kijk om de 8-10 halen over uw schouder.
- Geef voorrang aan snellere, naderende boten en roep bij twijfel of dreigend gevaar de naam of het type van de naderende boot of eventueel de naam van de roeivereniging.
- Probeer altijd te roeien in gezelschap van andere ploegen of skiffeurs. Ga er niet in uw eentje opuit op afgelegen of stille plekken.

Houd rekening met het weer

Omdat bij roeien het weer een belangrijke rol speelt, moet u goed op de hoogte zijn van de weersveranderingen. Vraag uw clubgenoten informatie over het weer en let zo veel mogelijk op wolkenpatronen. Neem liever het zekere voor het onzekere! Bliksem en onweersbuien kunnen extreem gevaarlijk zijn. Wees bedacht op donkere wolken en plotselinge temperatuursveranderingen. Aarzel niet en VERLAAT HET WATER bij het geringste teken van slecht weer of bliksem!

U kunt beter ook niet gaan roeien in het donker en bij mist of druilerig weer. Laat u leiden door uw gezond verstand, want zo loopt u het minste risico om in het donker te verdwalen en op iets of iemand te botsen!

Het is ook riskant om op ruw water te roeien; uw roeicapaciteiten moeten dan zeer goed zijn.

geheel boven FIETSLAMPEN ZIJN IN HET DONKER VERPLICHT.

boven EEN SKIFFEUR OF PLOEG ZONDER STUURMAN MOET OM DE 8-10 HALEN OMKIJKEN OM TE CONTROLEREN OF ER NIETS AAN KOMT.

Wat als u uit de boot bent gevallen?

Blijf bij uw boot, want die blijft goed drijven en u kunt hem als reddingsboei gebruiken. Als uw boot is afgedreven of zinkt, kunt u ook een roeiriem als reddingsboei gebruiken. Grijp de boot of de rigger vast en rust even uit voordat u een poging waagt om weer aan boord te komen.

1 Leg de riem die het dichtst bij u is dwars over het midden van de boot.
2 Reik over de boot heen en pak de riem aan de andere kant.
3 Trek u op aan de boordkant van de rigger.
4 Trek de riemhandel naar het dek van de rolbank.
5 Houd tegelijkertijd de andere riemhandel met een hand vast.
6 Hijs uw lichaam op het boegdek.
7 Trek u zo ver op dat u op het voortaft kunt zitten met uw voeten in het water.
8 Probeer uw evenwicht te hervinden.
9 Pak beide riemhandels.
10 Ga weer op het rolbankje zitten.
11 Doe de schoenen weer aan.
12 U bent klaar om verder te roeien.

De veiligste en stabielste positie voor een sculler is wanneer de riemen een hoek van 90° met de boot maken en de sculler beide handels stevig vast heeft op licht opgetrokken knieën. Zo'n positie kunt u ook in een boordroeiboot innemen.

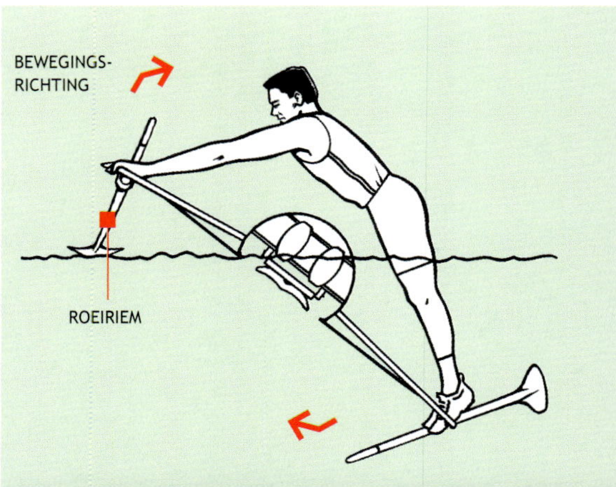

U KUNT DE BOOT OMKEREN DOOR OP EEN RIGGER TE GAAN STAAN EN DE TEGENOVERLIGGENDE RIGGER NAAR U TOE TE TREKKEN.

boven LEUN VOOR DE BALANS OP DE TEGENOVERLIGGENDE KANT VAN DE BOOT EN GRIJP NAAR DE RIEM.

midden LEG DE TEGENOVERLIGGENDE RIEM RECHT EN TREK U OP DE BOOT MET BEHULP VAN DE RIEM NAAST U VOOR STABILITEIT EN BALANS.

onder HOUD DE RIEM NAAST U NOG STEEDS GOED VAST, DRAAI U OM EN GA IN DE BOOT ZITTEN IN DE ZOGENAAMDE VEILIGE POSITIE.

Persoonlijke verzorging en kleding

Persoonlijke verzorging

Het is het beste om na elke trainingssessie of wedstrijd te douchen en uw kleren te wassen; reinig ook altijd uw handen voordat u weer iets gaat eten.

Zoals bij alle intensieve vormen van sport moet u voldoende vocht binnenkrijgen tijdens trainingen en wedstrijden: drink veel water en/of energiedrankjes.

Blaren zijn een veelvoorkomende klacht onder roeiers als gevolg van de onafgebroken hand- en vingerbewegingen tijdens het halen en door de technische moeilijkheden met het verticaal en horizontaal kantelen van de bladen. Houd de beschadigde huid schoon en steriel. Soms is het nodig grote blaren door te prikken met een steriele naald.

Om uw handpalmen te beschermen kunt u ontsmettingsalcohol gebruiken. Uw handen intapen helpt meestal niet, maar fietshandschoentjes bieden soms uitkomst.

Kleding

Elke roeivereniging heeft haar eigen officiële club- en wedstrijdtenue. Wedstrijdkleding bestaat meestal uit een trainingspak, regenkleding en daarnaast uit specifieke kleding voor koud weer als extra bescherming tegen spierblessures en om geen kou te vatten. Tot slot zijn een of twee paar loopschoenen een must.

Verder zijn trainingskleren altijd vrij *casual*, hoewel sommige verenigingen voorschrijven dat het clubtenue ook tijdens de trainingen wordt gedragen. Wat u draagt, hangt natuurlijk ook van het weer af; hieronder volgen enkele kledingadviezen.

Wat draagt u bij warm weer?

- Onder warme en vochtige omstandigheden waarbij u blootgesteld wordt aan uv-stralen, moet u uw armen, lichaam en hoofd beschermen.
- Lichte lycra kleding houdt de warmte tegen en zit nauwsluitend om het lichaam. Dit heeft de voorkeur boven loszittende, fladderende kleding, waar u met handen en vingers (of rolbankwieltjes) aan kunt blijven haken tijdens het halen.
- Wielrenbroeken (zonder zeemleer) en lycra bodysuits zijn heel populair.
- Een zonnebril en zonneklep of -hoed zijn aan te bevelen.
- Gebruik een zonnebrandmiddel met hoge beschermingsfactor (20).
- Het dragen van sokken voorkomt voetallergieën.
- Ga nooit van huis zonder een extra set kleding, ongeacht de tijd van het jaar.

BIJ WEDSTRIJDEN WORDT GEWOONLIJK EEN BODYSUIT GEDRAGEN. DE MEESTE CLUBS HEBBEN HUN EIGEN CLUBTENUE. HET DRAGEN VAN SOKKEN VOORKOMT VOETALLERGIEËN.

boven EEN WINDDICHT TRAININGSJACK MET CAPUCHON VOORKOMT WARMTEVERLIES.
midden DRAAG NAUWSLUITENDE T-SHIRTS EN JACKS ZODAT U NERGENS AAN BLIJFT HAKEN MET UW VINGERS.
boven EEN LYCRA KORTE BROEK OF LEGGING ZIT PRETTIG EN HOUDT UW SPIEREN WARM.

Wat draagt u bij koud weer?

Wees bij koud weer net zo voorzichtig als bij warm weer. Veel roeiers zijn er echter maar moeilijk van te overtuigen dat zij zich goed moeten kleden bij kou, aangezien ze de kou door het transpireren niet voelen. Stuurmannen en coaches moeten ook oppassen; zij zitten vrijwel stil en moeten zich meer nog dan hun ploegleden extra warm kleden.

Bij koud en nat weer is de doorbloeding van de huid minder. Uw lichaam worstelt om op temperatuur te blijven tegen de wind en de kou van buiten. Af en toe nat worden door koud water doet dan ook geen goed en kan leiden tot onderkoeling en bevriezing.

Ongeveer een derde van uw lichaamswarmte verdwijnt via de bovenkant van uw hoofd. Draag dus een capuchon, muts, pet of hoed.

Thermische kledingstukken of verschillende lagen kleding beschermen u tegen de kou. Het voordeel van verschillende lagen is dat u hiertussen de warmte vasthoudt en zo nodig een laag uit of aan kunt trekken. Zorg ervoor dat de onderkant van uw rug wordt warm gehouden en tegen koud water wordt beschermd, want dit gebied is extra gevoelig voor verrekkingen of andere blessures, die u langere tijd kunnen uitschakelen.

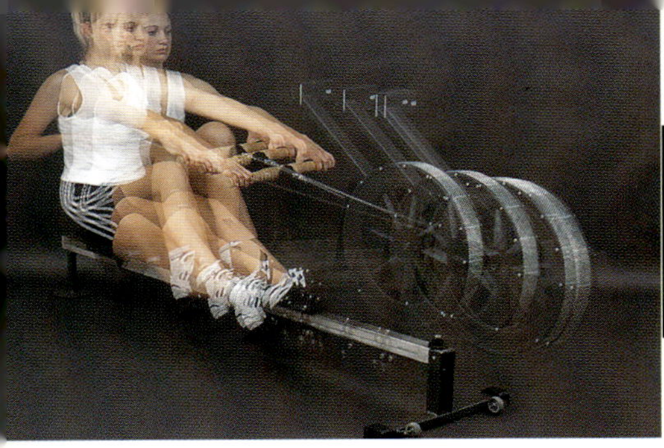

Basis-technieken

De meeste sportscholen en roeiverenigingen hebben roeiapparaten waarop u de basiselementen van de haalbeweging kunt aanleren en droog kunt oefenen. Deze apparaten - ze zijn er in diverse modellen - heten roei-ergometers.

Deze ergometers zijn er in allerlei soorten en maten. Ze helpen u de basistechnieken onder de knie te krijgen in een veilige omgeving, onder deskundig toezicht. In een fitnesszaal (anders dan op het water) krijgt u bovendien alle aandacht van uw coach of begeleider, die uw haaltechniek van dichtbij kan bekijken en u de roeitechnieken tot in details kan demonstreren.

Hierdoor maakt u kennis met de roeiterminologie en kunt u ook alle tijd nemen die u nodig hebt om de fijne kneepjes van het vak te leren, voordat u zich op het water waagt.

de basistechniek van het halen

2

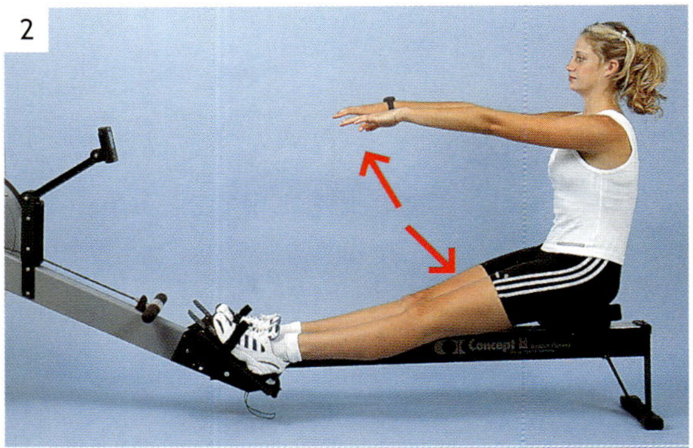

3

1

4

boven EEN ERGOMETER IMITEERT DE BEWEGING VAN EEN BOOT.

Stap 1 GA OP DE ROLBANK VAN DE ERGOMETER ZITTEN EN STEL HET VOETENBORD DUSDANIG AF DAT BOVENAAN DRIE GAATJES OVERBLIJVEN. ZET UW VOETEN LOSJES VAST MET DE STRIPS. HOUD UW BENEN GESTREKT EN LAAT UW ARMEN ONTSPANNEN LANGS UW LICHAAM HANGEN (ZIE FOTO 4).

Stap 2 BRENG UW ARMEN IN HORIZONTALE POSITIE EN BRENG ZE WEER NAAST UW LICHAAM. DOE DIT 40 KEER IN 40 SECONDEN.

Stap 3 ZWAAI UW ARMEN OMHOOG EN TREK UW KNIEËN OP. DE ROLBANK SCHUIFT NAAR VOREN: DE SCHENEN ZIJN RECHT EN DE ARMEN HORIZONTAAL.

Stap 4 STREK UW BENEN ZONDER TE STOPPEN; PAUZEER 1 SECONDE MET UW KNIEËN GESTREKT EN BEGIN DAN OPNIEUW; DOE DIT HONDERD KEER, WAARBIJ ELKE ACTIE 2 SECONDEN DUURT.

blz. 35 SKIFFS LIGGEN IN DE REKKEN TE WACHTEN.

Armoefening

1

Stap 1 PAK DE HANDEL MET UW BOVENSTE VINGERKOOTJES. HOUD HEM LOSJES VAST, VOORAL NIET KRAMPACHTIG, TERWIJL DE KABEL AAN UW ARMEN TREKT.

2

Stap 2 TREK DE HANDEL MET KNOKKELS, HANDEN EN ARMEN OP EEN LIJN NAAR UW MIDDENRIF. MET GESTREKTE KNIEËN ZIT U ZOALS OP EEN EETSTOEL. ONTSPAN UW SCHOUDERS EN MAAK UW BORST BREED.

3

Stap 3 BLIJF IN DEZE HOUDING EN LAAT DE SPANNING VAN DE ERGOMETERKABEL AAN UW ARMEN TREKKEN TOT DIE ONGEVEER HORIZONTAAL ZIJN GESTREKT.

4

Stap 4 TREK DE HANDEL METEEN TERUG NAAR UW MIDDENRIF; GEBRUIK HIERBIJ ALLEEN UW VINGERS. DOE DIT TOTDAT HET EEN AUTOMATISME WORDT.

Veel mensen menen dat bij roeien de boot wordt voortbewogen door simpel aan de riemen te trekken. Bij wedstrijdroeien met rolbanken zorgt de drukkracht van uw benen er juist voor dat de boot door het water glijdt in plaats van dat u hem door het water trekt. Het echte werk wordt eigenlijk verzet door het buigen en strekken van uw knieën en uw beenkracht.

Uw armen en lichaam vormen hierbij de schakel met de roeiriem en zorgen voor de in- en uitpik van het blad.

De complete haalbeweging

Het halen bestaat uit twee fasen: a) de aandrijffase en b) de recover(fase).

Bij deze oefeningen ontwikkelt u gevoel voor het effect van het buigen en strekken van uw knieën op de totale haalbeweging. Door deze beenacties beweegt de rolbank soepel heen en weer tussen de voor- en achterstop. Deze twee bewegingen vormen een wezenlijk onderdeel van de complete haalbeweging, want het strekken van uw benen zorgt voor de meeste kracht tijdens de aandrijffase, terwijl het optrekken van uw knieën het belangrijkst is in de recover.

Beenbewegingen in haal en recover

De hiervoor beschreven armoefening wordt uitgevoerd ter voltooiing van de haal en aan het begin van de recover. Aan de haalcyclus kan de schuifbeweging met de rolbank worden toegevoegd.

De rolbank kan op vijf manieren schuiven over een bepaalde afstand (afstanden die variëren afhankelijk van de lengte van de individuele roeier).

Haal vanuit achterstop of vastebankroeien

Alleen de armen maken een haal en stuwen de boot voort. De rolbank beweegt niet. De benen moeten plat gestrekt zijn.

Kwart haal of kwartbankroeien

De rolbank schuift circa 20 cm naar voren; uw knieën komen licht omhoog.

Halve haal of halvebankroeien

De rolbank rolt 40 cm naar voren over de slidings.

Driekwart haal of driekwartbankroeien

Een voorwaartse beweging van circa 60 cm met de rolbank en uw lichaam.

Voorstop of helebankroeien

Een volle beweging naar voren op de rolbank tot de voorstop.

BIJ KWARTBANKROEIEN ROLT DE ROLBANK LETTERLIJK EEN KWART NAAR DE VOORSTOP.

BIJ HALVEBANKROEIEN STAAN UW ENKELS EN KNIEËN IN EEN HOEK VAN CIRCA 90°.

BIJ DRIEKWARTBANKROEIEN TREKKEN UW BENEN OP TOT DE ROLBANK DRIEKWART VAN DE AFSTAND NAAR VOORSTOP HEEFT AFGELEGD.

BIJ HELEBANKROEIEN, VOORSTOP OF INPIKPOSITIE STAAN UW SCHENEN RECHT. PAS OP DAT U NIET TEGEN DE STOOTBLOKJES AAN STUITERT.

1

Stap 1 DE INPIK IS DE FRACTIE VAN EEN SECONDE WAARIN U UW HANDEN OMHOOGBRENGT OM HET BLAD (OF DE BLADEN) IN HET WATER TE STEKEN, WAARBIJ U EEN VERSNELDE ARMHAAL MAAKT. DE VOLLE KRACHT VAN UW BENEN WORDT DAN OVERGEBRACHT NAAR DE HANDEL. HOUD UW LICHAAM RECHTOP MET UW ARMEN NAAR VOREN EN UW HANDEN OP KNIEHOOGTE. HOUD DE HANDEL NOG STEEDS LOSJES MET UW VINGERS VAST. EEN SNELLE INPIK IS ESSENTIEEL, WANT ANDERS GAAT DE BOOT LANGZAMER VAREN.

2

Stap 2 BIJ DE BEENACTIE DUWT U UW BENEN EN KNIEËN NAAR BENEDEN, TERWIJL UW ARMEN GESTREKT BLIJVEN. UW LICHAAM ZWAAIT OP DIT PUNT NOG NIET NAAR ACHTEREN, MAAR GAAT AAN DE HANDEL HANGEN TERWIJL UW BENEN DE VOORTSTUWBEWEGING BLIJVEN MAKEN EN UW LICHAAM BIJNA RECHTOP BLIJFT. OP DIT PUNT VORMEN UW RUG EN ARMEN DE SCHAKEL TUSSEN DE BEENACTIE EN DE HANDEL.

3

Stap 3 MET DE BENEN GESTREKT LEUNT U NU IETS NAAR ACHTEREN MET UW LICHAAM (NIET VERDER DAN EEN HOEK VAN 15-20° TEN OPZICHTE VAN UW BENEN). PAS ALS UW BENEN HELEMAAL GESTREKT ZIJN, NEMEN UW ARMEN DE TREKKRACHT OVER. OP DIT PUNT TREKT U UW HANDEN NAAR UW MIDDENRIF, WAARBIJ U UW SCHOUDERS EN BORST BREED MAAKT.

4

Stap 4 AAN HET EINDE VAN DE HAAL BRENGT U UW HANDEN NAAR UW SCHOOT OM HET BLAD (OF DE BLADEN) VERTICAAL UIT HET WATER TE HEFFEN. OP DIT PUNT MOETEN UW ONDERARMEN EN POLSEN HORIZONTAAL ZIJN, UW BOVENLICHAAM WEER IN DE EETSTOELPOSITIE, UW BORST BREED MET DE SCHOUDERS NAAR ACHTEREN EN UW ELLEBOGEN LICHT NAAR BUITEN.

De recover

De recover of rustfase bereidt voor op de aandrijffase. Tijdens deze fase brengt u uw handen omhoog totdat uw armen horizontaal zijn en buigt u uw knieën totdat uw schenen recht staan. U kunt nu even op adem komen en uw spieren ontspannen, terwijl de boot door de vaart verder over het water glijdt. In deze fase is vooral sprake van hand-lichaamcoördinatie, hoewel sommige coaches de nadruk leggen op het optrekken van de knieën.

5

Stap 5 UW KNIEËN BLIJVEN GESTREKT ALS UW HANDEN EN ARMEN ZO SNEL MOGELIJK NAAR VOREN ZWAAIEN TOT ZE VOLLEDIG GESTREKT ZIJN EN ZE DEZE ACTIE RUSTIG EINDIGEN HALVERWEGE BOVEN UW SCHENEN. HOUD UW RUG RECHT, MAAR ZWAAI NAAR VOREN VOOR DE INPIK.

6

Stap 6 OP DIT PUNT TIJDENS DE RECOVER HOUDT U UW LICHAAM RECHT, TERWIJL U UW KNIEËN IN EEN VLOEIENDE BEWEGING BEGINT TE BUIGEN. HIERDOOR SCHUIFT DE ROLBANK NAAR DE VOORSTOP. U TREKT UW HANDEN OMHOOG TOTDAT ZE HORIZONTAAL LIGGEN VOOR DE INPIK.

Scullen

In het begin kunt u het beste de basistechnieken aanleren in een scull en bij voorkeur in een dubbeltwee, waar uw coach als begeleider plaatsneemt in de boegpositie en uzelf in de slagpositie. Hierdoor kan de coach de boot voor u in balans houden, zodat u al uw aandacht kunt richten op de basistechnieken. Na twee of drie trainingen in de dubbeltwee kunt u het alleen in de skiff gaan proberen.

Als u zeker bent van uzelf, kunt u natuurlijk ook meteen in de skiff stappen. Hebt u het scullen eenmaal voldoende onder de knie, dan is de overgang naar het boordroeien nog maar een klein kunstje.

Van het botenhuis naar de aanlegsteiger

Het lijkt heel simpel, maar het brengen van een skiff van de loods naar de aanlegsteiger (en weer terug) vraagt om de nodige handigheid. Voorzichtig met het materiaal omgaan is een voorwaarde om het in goede conditie te houden.

Wanneer u in staat bent een skiff naar de aanlegsteiger te brengen en vaarklaar te maken, waarbij u alle benodigde voorzichtigheid betracht zodat het materiaal niet beschadigt, kunt u samen met uw ploegleden ook grotere roeiboten aan. Als eerste pakt u de scullriemen uit het rek en legt ze neer op de aanlegsteiger bij de plek waar u het water op wilt gaan. Waar uw boot ook ligt opgeslagen, uw eerste taak is altijd het openen van de doloverslag het dichtst bij u. Nog beter is het om beide doloverslagen tegelijk te openen.

VOORDAT U DE BOOT OOK MAAR AANRAAKT, OPENT U DE DOLOVERSLAG DIE HET DICHTST BIJ U IS. HET BESTE IS BEIDE OVERSLAGEN TEGELIJK TE OPENEN.

Hoe hanteert u de boot?

Afhankelijk van de hoogte van het rek waar uw boot op ligt, hebt u een of twee mogelijkheden om hem eruit te halen.

Mogelijkheid 1

De eenvoudigste oplossing is iemand anders (bijvoorbeeld uw coach) om hulp te vragen bij het dragen van de boot naar de aanlegsteiger. De één houdt de boot bij het midden van het voortaft vast; de ander doet hetzelfde bij de achtersteven. Vervolgens tilt u de boot op en brengt hem naar de aanlegsteiger, waarbij u oppast niet met de riggers tegen deuren, mensen of andere boten aan te stoten.

Mogelijkheid 2

Als de boot tussen schouder- en heuphoogte op het rek ligt, kunt u de boot alleen op uw schouder nemen. Het midden en zwaartepunt van de boot ligt bij de achterkant van de kuip.

Bij de volgende stappen ben ik ervan uitgegaan dat de boeg en de deur van het botenhuis zich rechts van u bevinden, wanneer u met uw gezicht naar de boot staat.

Stap 1

Keer uw gezicht naar de boot. Ga iets voor de dolpen (richting de boeg) staan. Strek uw rechterarm over de boot en pak het frame van de rigger die het verst bij u vandaan zit vast.

Stap 2

U pakt met uw linkerhand de dolpen het dichtst bij u vast, ongeveer 30 cm richting de achtersteven.

Stap 3

Til de boot uit het rek en doe een paar stappen achteruit.

Stap 4

Rol de boot op uw linkerschouder en ondersteun hem met beide handen. Pas op dat u niet tegen deuren of andere mensen botst. Let extra goed op met wind.

boven DE GEMAKKELIJKSTE EN VEILIGSTE MANIER OM UW BOOT TE DRAGEN IS IEMAND OM HULP TE VRAGEN.

stap 1 PAK DE BOOT STEVIG VAST EN TIL HEM UIT HET REK.

stap 2 ROL DE BOOT OP UW SCHOUDER.

stap 3 U KUNT DE BOOT NU NAAR DE AANLEGSTEIGER DRAGEN.

BEGINNERS ZIJN VERPLICHT HULP TE VRAGEN BIJ HET DRAGEN VAN DE BOOT.

Tewaterlating

Met hulp van anderen

Het is vrij eenvoudig de roeiboot te water te laten, als u hulp hebt gehad bij het dragen naar de aanlegsteiger. Denk eraan dat u op een getijrivier met uw boot de goede kant op ligt bij vertrek en aankomst bij de aanlegplaats, rekening houdend met het getij op dat moment en de wind. Uw boeg moet altijd stroomopwaarts wijzen.

Stap 1

Neem zo'n positie in dat de boeg van de boot in de richting ligt waarin u wilt varen.

Stap 2

Laat de boot voorzichtig zakken op het water. Zorg ervoor dat de boot horizontaal in het water terechtkomt en vin en boot niet tegen de aanlegsteiger stoten.

Stap 3

De één houdt de rigger het dichtst bij de aanlegsteiger vast en de ander pakt de riemen en komt weer terug naar de boot.

Zonder hulp

Stap 1

Neem zo'n positie in dat de boeg van de boot in de richting ligt waarin u wilt varen. Om de boot te laten zakken pakt u de riggers zo dicht mogelijk bij de boorden vast.

Stap 2

Laat de boot zakken en stop even ter hoogte van uw knieën om te kijken of er geen andere boten in de weg liggen.

Stap 3

Buig uw knieën en leg de boot voorzichtig op het water.

stap 1 GA HALVERWEGE DE BOOT STAAN EN PAK DE RIGGERS ZO DICHT MOGELIJK BIJ DE BOORDEN VAST.

stap 2 HOUD DE BOOT ALTIJD AAN HET FRAME VAN DE RIGGERS BIJ DE BOORDEN VAST EN NOOIT BIJ HET VOETENBORD OF HET VOORTAFT.

stap 3 LAAT DE BOOT RUSTIG IN HET WATER ZAKKEN EN ZORG ER MET ÉÉN HAND VOOR DAT DE HUID NIET TEGEN DE AANLEGSTEIGER STOOT.

Voor het eerst in een skiff

Hebt u eenmaal de scullriemen in uw handen, dan mag u ze eigenlijk niet meer loslaten, want ze zijn van cruciaal belang voor de balans van de boot, vergelijkbaar met de stok van een koorddanser.

Na een succesvolle tewaterlating

boven MET GEOPENDE DOLOVERSLAGEN EN UW GEZICHT NAAR DE ACHTERSTEVEN STEEKT U DE RIEM AAN DE STEIGERKANT IN DE DOL MET DE KRAAG AAN DE KUIPKANT VAN DE DOLOVERSLAG. MAAK DE DOLOVERSLAG VERVOLGENS WEER VAST.
midden STEEK DE TEGENOVERLIGGENDE RIEM OOK ZO DOOR DE DOL.
onder U KUNT DE RIEM DWARS OVER HET MIDDEN VAN DE BOOT LATEN RUSTEN MET DE HANDEL OP DE AANLEGSTEIGER.

Stap 1

De boeg van de boot ligt rechts van u. De coach houdt de rigger aan de kant van de aanlegsteiger vast en u schuift de rolbank over driekwart van de afstand naar de boeg. Pak de stuurboordriem en steek hem in de dol totdat de kraag van de handel tegen de dol aan komt.

Stap 2

Pak de bakboordriem en neem vervolgens beide handels in uw rechterhand met de bladen horizontaal gekanteld (plat op het water) bijna in de achterstoppositie. Ga op de rand van de steiger staan.

Stap 3

Zet uw rechtervoet op het opstapplankje in het midden van de boot. Zet dan uw linker- naast de rechtervoet. Probeer een goed evenwicht te vinden met de riemen in uw hand.

Stap 4

Ga op de rolbank zitten terwijl u nog steeds beide scullriemen in één hand hebt. Strek dan uw benen naar voren en doe de schoenen op het voetenbord aan. Laat de riemen niet los!

PAK OM DE BOOT IN BALANS TE HOUDEN BIJ HET INSTAPPEN BEIDE HANDELS IN ÉÉN HAND; HOUD UZELF IN EVENWICHT MET DE ANDERE.

DE JUISTE AFSTELLING VAN HET VOETENBORD IS ESSENTIEEL VOOR HET MAKEN VAN EEN ZO EFFECTIEF MOGELIJKE HAALBEWEGING.

Materiaal afstellen

De eerste paar jaar van uw roeicarrière neemt uw coach de standaardafstelling van de riggers met materiaal van de club voor zijn rekening. Als u meer ervaring hebt opgedaan, kunt u de riggers afstellen naar uw behoeften. Met deze individuele afstelling kunt u de juiste techniek beter toepassen en uw fysieke vermogen efficiënter gebruiken. Uw coach houdt waarschijnlijk de volgende stappen aan en vraagt allereerst of u comfortabel en in de juiste houding zit.

- Weet waar de voorstop is: in de inpikpositie wanneer de rolbank naar de achtersteven van de boot is gerold.
- Weet waar de achterstop is: in de uitpikpositie wanneer de rolbank naar de boeg van de boot is gerold.
- Zorg ervoor dat u over voldoende beenruimte beschikt.
- Uw voetenbord wordt zo afgesteld dat u de riemhandels in uw zijden kunt plaatsen.
- Bij de voorstop moeten u schenen recht staan.
- Uw gewicht moet op uw voorvoeten rusten.
- Uw benen moeten gebogen worden, zodat de rolbank tot uw hielen nadert en onder uw schouders komt.

De juiste handelhoogte

De handel moet ter hoogte van uw middenrif zitten en uw onderarmen moeten parallel aan het water of de dolboorden zijn. Houd de handels met uw vingers vast.

De juiste scullgrip

Plaats uw duimen over de uiteinden van de handels, zodat u de kraag tegen de dol kunt aandrukken (doldruk houden). Uw duim en wijsvinger komen bij elkaar aan het uiteinde van de handel. Deze greep is essentieel voor de balans van de boot. Houd de handels losjes in uw vingers, terwijl uw onderarmen en handen in dezelfde horizontale lijn liggen als uw polsen (die mag u niet buigen!).

Voor een juiste grip plaatst u de binnenkant van de knokkels van uw hand boven op de handel met uw vingers er tot halverwege omheen. Er bestaan verschillende maten voor de handels, zodat u de juiste grip voor uw handen kunt kiezen.

Het horizontaal draaien van de riemen houdt in dat het blad parallel met het water en met de holle kant naar boven draait. Houd het blad horizontaal gedurende de hele recover. Tijdens het halen moet u het blad voor de inpik verticaal kantelen. Het blad moet dan 90° worden gedraaid, zodat het verticaal in het water kan worden gestoken. Beginners moeten eerst roeien met verticaal gekantelde riemen. Pas na een paar trainingsuren kunt u proberen de kanteltechniek toe te passen.

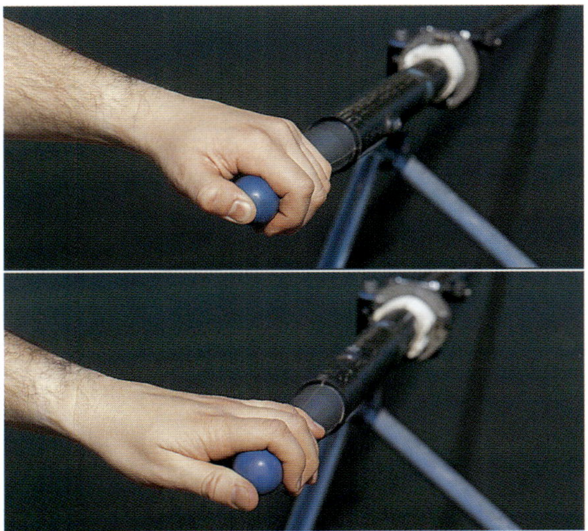

boven DE SCULLGRIP BIJ DE VERTICALE BLADSTAND; LET OP DE POSITIE VAN DUIM EN WIJSVINGER AAN HET UITEINDE VAN DE HANDEL.
onder DE SCULLGRIP BIJ DE HORIZONTALE BLADSTAND.

Op het water

De eerste halen maken

Vol spanning bereidt u de eerste halen op het water voor. Een smalle boot op het water voortbewegen is moeilijker dan het lijkt vanaf de wal. De gedachte aan een duik in het koude water is zowel voor lichaam en geest bijzonder onaantrekkelijk.

Voor het maken van de eerste halen is het belangrijk te weten wat wel en wat niet kan. Dat u zich in het begin zorgen maakt over van alles is vrij normaal, vandaar dat de coach u het eerste halfuur een beetje moet laten wennen in en aan de boot door u een aantal oefeningen te laten doen - die zullen beslist niet altijd meevallen!

Als u voor het eerst in de boot zit, zult u vanzelfsprekend piekeren over wat u met uw handen en benen moet doen, hoe u de boot in evenwicht kunt houden en of u misschien uit de boot zult vallen en uzelf in veiligheid moet brengen!

Tijdens die eerste paar ogenblikken in de boot zult u merken dat u op de beweging van de boot reageert en door die reacties zult u wellicht een aantal foute inschattingen maken. De meest misleidende gewaarwording is wanneer de boot naar één kant helt. Instinctief zult u uw aandacht - en tegelijkertijd uw lichaamsgewicht - op dat 'probleem' concentreren. Blijf dan gewoon kalm en ontspannen, zodat u uw evenwicht en zelfbeheersing kunt herstellen. U lost de ontstane 'ongemakkelijke' situatie dan simpelweg op door met uw hand aan de andere kant de onbalans te verhelpen. Dat zal u zelfvertrouwen geven.

boven DE WERELDKAMPIOEN VAN 1997 IN DE SKIFF, JAMIE KOVEN, TOONT TIJDENS DE WINTERTRAINING DE BENODIGDE TOEWIJDING EN CONCENTRATIE VOOR HET HALEN VAN EEN PODIUMPLAATS. DOOR VELE UREN TRAINING BEREIKT KOVEN DE PERFECTE BLADHOOGTE BIJ DE INPIK.

blz. 45 TRAININGSSESSIES IN DE VROEGE OCHTEND EN IN DE AVONDUREN ZIJN HEEL GANGBAAR ONDER ROEIERS. DIT ZIJN DE MOMENTEN WAAROP MEN ECHT DOOR DE SPORT GEGREPEN WORDT.

Welke hand doet wat?

Bij het roeien in een scullboot moeten de handen elkaar kruisen als de roeiriemen een hoek van 90° maken met de boot. Gewoonlijk schrijft de nationale roeibond van elk land de toe te passen standaardtechniek voor en bepaalt welke hand leidt en welke hand volgt.

De leidende hand zit altijd boven de volgende hand, zodat de riemen synchroon zijn. Skiffeurs mogen dit echter zelf bepalen op basis van hun persoonlijke voorkeur. Voorwaartse en achterwaartse handbewegingen en het belang van een constante handcoördinatie bij het kruisen van de handen in beide richtingen zijn een kwestie van techniek. Deze techniek moet al snel worden aangeleerd.

In de dubbeltwee en dubbelvier is een conforme handbeweging vereist (om de boot in balans te houden en de ploeg de gelegenheid te geven de halen zo synchroon mogelijk te maken). De ploegleden kiezen voor dezelfde handcoördinatie overeenkomstig de nationale standaardtechniek die bepaalt welke hand leidt bij het scullen.

Tot voor kort leek de westerse wereld het systeem van de leidende linkerhand te gebruiken, terwijl het Oostblok voor de leidende rechterhand koos (respectievelijk links boven rechts en rechts boven links). Welk systeem ook wordt gebruikt, het heeft geen invloed op het uiteindelijke resultaat van de haal.

Bereid uzelf voor!

Probeer in de boot te ontspannen en bereid u voor op de eerste halen. Houd er rekening mee dat de bewegingen van de boot en riemen in het begin waarschijnlijk ongemakkelijk aanvoelen.

De boot helt over naar één kant

Uw reactie

U laat de handels van de riemen los en grijpt naar de boorden. De riemgrepen raken los, de boot kapseist en u valt in het water.

Wat u moet doen

Laat nooit de handels van de riemen los! Houd ze altijd met uw vingers vast.

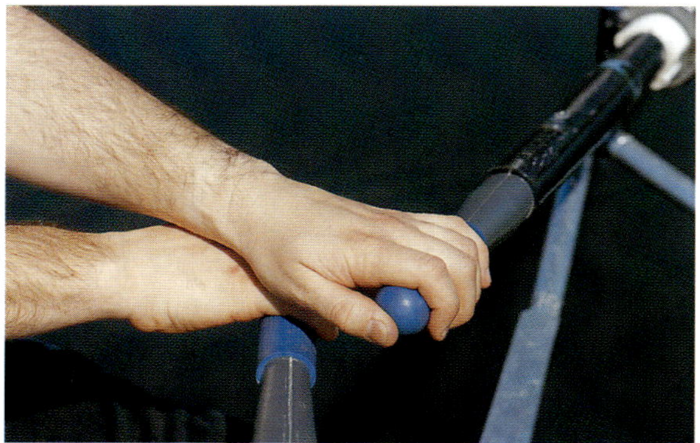

geheel boven DE LINKERHAND LEIDT, OFWEL LINKS BOVEN RECHTS. **boven** DE SYNCHRONE LINKS-BOVEN-RECHTSBEWEGING.

Roeiriem raakt tijdens de haal onder water

Een zogenaamde snoek. De boot kantelt naar rechts of links. Een van de handels van de roeiriem dringt in uw schoot, de andere steekt omhoog.

Uw reactie

Reken maar dat u even in de war bent ... en dat u misschien geneigd bent met kracht te blijven drukken op de handel in uw schoot. Dat verergert de situatie echter alleen maar, want de boot helt hierdoor sterk naar één kant en zal naar alle waarschijnlijkheid kapseizen.

Wat u moet doen

Concentreer u op uw bovenste handel. Oefen enige neerwaartse druk uit op de handel. Door deze beweging zal de handel aan de andere kant omhoogkomen in de richting van de bovenste handel. De boot komt dan weer horizontaal te liggen.

De stabiliteit van de boot is optimaal, wanneer de handels zich boven elkaar bevinden in de achterstoppositie. Het is daarom raadzaam ze bij elkaar te houden. Indien u met de handels blijft ruziën, kunt u erop wachten opnieuw een nat pak te halen! Wanneer u de handels bij elkaar houdt, kunt u in de boot alles doen wat u wilt. De riemen houden de boot goed in evenwicht.

Op deze bladzijde staan enkele onconventionele oefeningen afgebeeld die u in de boot kunt doen om te oefenen met balans.

WANNEER U MET UW HANDEN DE HANDELS ZO DICHT MOGELIJK BIJ ELKAAR HOUDT, KUNT U BIJNA ALLES DOEN IN DE BOOT, AANGEZIEN DE RIEMEN OP DEZE MANIER DE BOOT IN BALANS HOUDEN.

De grondbeginselen van de bootbalans

Bootbalans is van essentieel belang voor boordroeien en scullen. Als u het eenmaal hebt onder de knie hebt, vergeet u het nooit meer, net als fietsen. Het geeft enorme voldoening om in een boot te zitten die goed in balans blijft en waarin uw eigen evenwichtsgevoel zo goed is aangepast dat uw roeivaardigheid zowaar toeneemt. De verbetering van het evenwichtsgevoel is een proces dat veel training vergt. Desondanks zult u in de eerste fase van uw vooruitgang zowel angstige als opwindende momenten meemaken.

Vanaf de eerste halen en tijdens uw hele roeicarrière zult u blijven zoeken naar de juiste balans. Bij de volgende demonstraties van hoe u het beste een goede balans kunt bereiken, is gebruikgemaakt van de dubbeltwee. Wanneer u probeert de boot in balans te houden, zorgt u er dan in elk geval voor dat u ontspannen bent. ONTSPANNEN. Dat is het sleutelwoord. Stel u nogmaals voor dat u op een eetstoel zit. Houd uw hoofd en lichaam stil, terwijl u met de boot voortbeweegt.

Stel persoonlijke balanskenmerken in door:

- De handels van de riemen losjes onder uw vingertoppen vast te houden.
- Recht op uw achterwerk te zitten.
- Uw lichaamsgewicht op uw voorvoeten rusten.
- Uw knieën niet verder dan 8-10 cm uit elkaar te houden.

OM AAN TE TONEN HOE STABIEL DE BOOT IS MET DE RIEMEN IN DEZE POSITIE BINDT U DE HANDELS AAN ELKAAR; VERVOLGENS STAAT U OP EN DRAAIT EEN RONDJE, NATUURLIJK NIET TE SNEL. DEZE OEFENING STIMULEERT UW VERTROUWEN IN UW BALANSVERMOGEN EN IN UW BOOT.

Bootbalansoefeningen

Om bedreven te raken in de meervoudige boordroei- en scullerhalen, moet u niet alleen enkele halen kunnen voeren, maar ook één haal tegelijk kunnen trainen. Tegelijkertijd moet u uw bootbalans kunnen vinden en beheersen. Er bestaan vijf controlepunten voor de balanstraining en voor het oefenen van de haalbeweging. De volledige haalbeweging is opgesplitst in vijf cycli. Dit zijn tevens de controlepunten.

Controlepunt 1: de uitpikpositie

Ga rechtop en ontspannen zitten, maak uw schouders en borst breed en zorg ervoor dat u zit zoals op een eetstoel, de handen ter hoogte van uw middenrif en de benen gestrekt. De bladen liggen plat op het water. Dit heet de achterstop of uitpikpositie.

Bootbalans bij controlepunt 1

Bij het trainen van deze oefening in een stil liggende boot houdt u de bladen in verticale stand. Druk de handels naar beneden, zodat de bladen boven het water uitkomen. Zorg ervoor dat uw vingers gelijke druk uitoefenen en dat uw duimen zijwaartse druk uitoefenen ter bevordering van de bootbalans (ofwel doldruk houden, dat wil zeggen de kraag van de riem tegen de dol aandrukken). Uw lichaamsgewicht moet gelijk verdeeld te zijn over uw achterwerk en uw voorvoeten.

Controlepunt 2: de kwart haal

U zit stevig rechtop, maar wel ontspannen, de armen volledig gestrekt, de knieën opgetrokken tot het punt waar de rolbank 20 cm naar voren is gerold. Dit is tevens een rustpunt. De handen op de handels hebt u voor u uitgestrekt en bevinden zich boven de knieën. De bladen rusten plat op het water. Uw lichaamsgewicht rust op uw voorvoeten. U zit nu in de kwarthaalpositie.

Bootbalans bij controlepunt 2

In de kwarthaalpositie drukt u met uw handen de handels naar beneden zodat de bladen uit het water komen en horizontaal draaien. Uw gewicht rust op uw voorvoeten en met uw duimen en vingers oefent u buitenwaartse druk voor de bootbalans. Uw gewicht moet gelijk verdeeld zijn over uw achterwerk, vingertoppen en de voorkant van uw voeten. Houd uw bovenlichaam stil.

Bootbalans bereikt u door met uw duimen en overige vingers zijwaartse druk uit te oefenen op de kragen en dolpennen (de doldruk) en de gelijke verdeling van uw lichaamsgewicht in stand te houden. Probeer met de bladen geen water te scheppen.

DE UITPIKPOSITIE (POSITIE 1) VAN DE ZIJKANT GEZIEN. DE HANDEN BEVINDEN ZICH NET ONDER HET MIDDENRIF ALS DE BLADEN UIT HET WATER ZIJN GEHEVEN. DE KUIT- EN DIJHOEK IN DE KNIEHOLTE IS 180°. DE BLADEN WORDEN PLAT GEDRAAID BIJ HET NAAR BENEDEN DUWEN EN WEGZETTEN VAN DE HANDEN. VOORKOM DAT BIJ DEZE HANDELING DE POLSEN TE LAAG EN TE VER NAAR BENEDEN KOMEN.

DE KWART HAAL (POSITIE 2) VAN DE ZIJKANT GEZIEN. DE KUIT- EN DIJHOEK IN DE KNIEHOLTE IS ONGEVEER 165°. DE BLADEN LIGGEN NU PLAT.

Controlepunt 3: de halve haal

Dezelfde principes als bij controlepunt 2 zijn van toepassing, behalve dat uw knieën verder opgetrokken zijn en de rolbank circa 40 cm verder naar voren is gerold tot aan het midden van de slidings. Uw gewicht rust op de voorkant van uw voeten en u zit goed rechtop. Strek uw armen naar voren. De handen en handels bevinden zich op ongeveer 10 cm voorbij uw knieschijven. De riemen staan loodrecht op de boot en parallel met het water. De bladen rusten plat op het water. U zit nu in de halvehaalpositie.

Bootbalans bij controlepunt 3

In de halvehaalpositie drukt u met uw handen de handels naar beneden, zodat de bladen uit het water komen en horizontaal draaien. Uw lichaamsgewicht rust op de voorkant van uw voeten.

De volgende kernpunten verdienen extra aandacht:

- Oefen zijwaartse druk uit op de dolpennen.
- Verdeel uw gewicht gelijk over uw achterwerk, handen en tenen.
- Houd uw bovenlichaam stil en ontspan u!
- Voorkom dat u water schept met de bladen.
- Houd uw lichaam licht naar voren gebogen ten opzichte van de loodlijn; uw armen zijn gestrekt.

DE HALVE HAAL (POSITIE 3) VAN DE ZIJKANT GEZIEN. HET GEWICHT RUST OP DE VOORVOETEN EN DE ARMEN ZIJN NAAR VOREN GESTREKT. DE HANDEN EN HANDELS BEVINDEN ZICH ZO'N 10 CM VERDER DAN DE KNIESCHIJVEN. DE KUIT- EN DIJHOEK IS CIRCA 140°.

Controlepunt 4: driekwart haal

De grootste verandering ten opzichte van controlepunt 3 is dat u in deze positie uw knieën nog verder hebt opgetrokken en dat de rolbank nu (op) 60 cm naar voren is gerold (afhankelijk van uw beenlengte en lichaamsomvang). In deze positie moet de hoek tussen uw dij en kuit ongeveer 90° bedragen; dit wordt de beenhoek genoemd. De hoek tussen romp en dij wordt meestal de romphoek genoemd.

Houd uw lichaam rechtop, beweeg de handels verder naar voren en trek vlak daarna uw knieën op (hierdoor glijdt de rolbank naar voren). Pauzeer als de handels zich in het verlengde van en boven uw enkels bevinden. De bladen liggen plat. U bevindt zich nu in de driekwarthaalpositie.

Bootbalans bij controlepunt 4

In de driekwarthaalpositie oefent u nog steeds neerwaartse druk uit op de handels, zodat de bladen plat uit het water steken. Uw lichaamsgewicht rust op de voorkant van uw voeten. Ga de zijwaartse druk tegen, verdeel uw lichaamsgewicht en houd uw bovenlichaam stil en ontspannen. Voorkom dat u met de bladen water schept, want dit zal beslist uw haal en de bootbalans beïnvloeden.

DE DRIEKWART HAAL (POSITIE 4) VAN DE ZIJKANT GEZIEN. DE ENKELS EN KNIEËN BEVINDEN ZICH IN EEN HOEK VAN ONGEVEER 90°. DE HANDELS WORDEN VERDER NAAR VOREN GEDUWD EN DE BLADEN WORDEN PLAT IN DE DRIEKWARTHAALPOSITIE GEZET TER VOORBEREIDING OP DE INPIK.

Controlepunt 5: maximale haal

De overgang van punt vier naar punt vijf kan gerealiseerd worden door uw knieën zo ver mogelijk omhoog te trekken. Deze positie heet de maximale haal ofwel voorstoppositie. Denk eraan dat u uw lichaam rechtop houdt, met uw hoofd omhoog; kijk naar de horizon en niet naar uw voeten! Trek uw knieën op en strek tegelijkertijd uw armen naar voren met de riemen onder controle - de rolbank rolt automatisch naar voren. Uw handen en handels zijn in rustpositie, waarbij uw handen over de boorden heen steken. De bladen liggen horizontaal.

Bootbalans bij controlepunt 5

Leg de boot stil en neem de hierboven beschreven positie in. Steek de bladen recht in het water en breng de boot in evenwicht. Breng uw handen naar beneden om de bladen ongeveer 5 cm boven het wateroppervlak te tillen. U bevindt zich nu in de voorstop of maximalehaalpositie. Een stil liggende boot in evenwicht houden is een enorme uitdaging, maar het loont beslist de moeite.

DE MAXIMALE HAAL (POSITIE 5) VAN DE ZIJKANT GEZIEN; OOK WEL 'VOORSTOP' GENOEMD. HET IS HEEL BELANGRIJK UW HOOFD OMHOOG TE HOUDEN EN NAAR DE HORIZON TE KIJKEN. KIJK NIET NAAR UW VOETEN. HOUD UW HANDEN EN HANDELS STIL MET UW HANDEN OVER DE BOORDEN HEEN. DE BLADEN LIGGEN HORIZONTAAL.

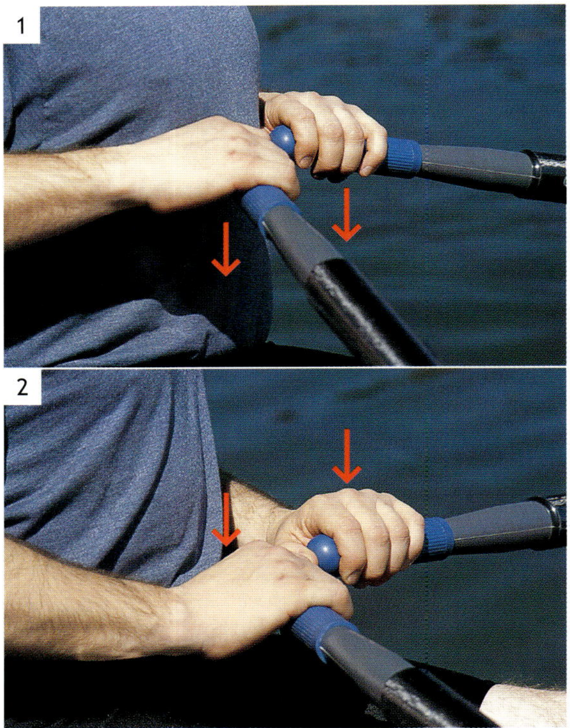

Stap 1 POSITIE 1, DE BLADEN ZIJN VERTICAAL GEKANTELD EN IN HET WATER GEZET. DE HANDEN HEBT U TER HOOGTE VAN UW MIDDENRIF.
Stap 2 DUW DE HANDELS IN UW SCHOOT EN BRENG ZE VERVOLGENS WEER OMHOOG, WAARBIJ U DE BOOT IN BALANS HOUDT EN U UW LICHAAM VOLLEDIG ONTSPANT. LAAT UW GEWICHT RUSTEN OP UW VOETEN.

In balans met verticaal gekantelde bladen

Stap 1

Neem de positie in zoals onder controlepunt 1 beschreven, met de bladen verticaal in het water.

Stap 2

Druk de handels naar beneden in de richting van uw schoot. Herhaal deze cyclus met een vloeiende en soepele beweging. Oefen één cyclus tegelijk en voer het aantal cycli evenals de snelheid van de herhalingen langzamerhand op. Probeer de handen en handels continu naar beneden en omhoog te brengen, terwijl u de boot perfect in balans houdt. Tijdens de beweging van de handen en handels is het belangrijk dat u ontspannen blijft. Blijf goed rechtop zitten, houd uw lichaam recht-

EEN GOEDE OEFENING VOOR UW ZELFVERTROUWEN EN HET VERBETEREN VAN UW ROEIVAARDIGHEDEN IS SCHOMMELEN MET DE BOOT. U KUNT DIT DOEN DOOR ÉÉN HAND EN HANDEL OMHOOG TE BRENGEN EN DE ANDERE OMLAAG. ZORG ERVOOR DAT DE BLADEN PLAT OP HET WATER LIGGEN.

op, uw gewicht op uw voeten, uw benen gestrekt en uw knieën bij elkaar. (Deze oefening wordt beschreven onder controlepunt 2, maar geldt in feite voor alle controlepunten.)

Uw boot manoeuvreren

Om controle over uw boot te krijgen moet u beschikken over een redelijke hoeveelheid ervaring. Er zijn ook diverse commando's waarin u thuis moet raken. Het is belangrijk deze commando's te herkennen en erop te reageren terwijl u deel uitmaakt van een meerkoppige bemanning.

Hoe stopt u uw boot?

De dreiging van een 'ramkoers' vraagt natuurlijk om snelle reacties. Zodra u zich bewust wordt van het dreigende gevaar, moet iemand 'Vooruit!' of 'Sculler!' roepen. Het overeenkomstige commando kan zijn: 'Houden'. Ongeacht de situatie is het belangrijk dat iedereen beseft dat u in gevaar bent; probeer de boot onmiddellijk tot stilstand te brengen.

In de regel stopt u de boot voorzichtig, maar er zullen zich situaties voordoen waarin de boot plotseling tot stilstand moet worden gebracht; bijvoorbeeld voor een bepaalde oefening, waarbij de coach of stuurman van tevoren uitleg wil geven, of als de boot stil moet liggen aan het begin van een race. In al deze gevallen is de stopprocedure dezelfde als die hieronder beschreven, behalve dat er geen noodstop hoeft te worden gemaakt en u de handeling weloverwogen, ontspannen en op uw gemak kunt uitvoeren.

Stap 1

Trek de handels zo snel mogelijk omhoog zodat de halfgekantelde bladen in het water steken en zo de vaart van de boot breken.

Stap 2

De bladen worden geleidelijk volledig verticaal gekanteld; als gevolg daarvan houdt de boot meteen stil.

Uw boot snel stoppen

Een snelle methode om uw boot te stoppen is eruit vallen. Zwaai een roeiriem naar de zijkant en rol in het water. De boot zal onmiddellijk stoppen. Dit gaat het gemakkelijkst in een skiff, een twee of een dubbeltwee. Bij grotere roeiploegen is meer communicatie vereist om de boot op deze manier tot stilstand te brengen.

DE SNELSTE MANIER OM TE STOPPEN IS U UIT DE BOOT LATEN VALLEN.

Hoe keert u uw boot?

Het 180° keren van uw boot zult u vaak moeten oefenen; er zijn verschillende manieren om 'rond te maken'.

Het is belangrijk om de scullerdraai met uw benen gestrekt te beheersen. Hiervoor gelden de volgende instructies:

Stap 1

Leg de boot stil en neem de positie van controlepunt 1 in.

Stap 2

Draai een van de bladen om (bijvoorbeeld met rechts) en steek die in het water.

Stap 3

De linkerhand en -arm volgen de beweging van de rechterhand en -arm. Het linkerblad blijft horizontaal, wat de boot in balans helpt houden.

Stap 4

Na deze achterwaartse beweging ligt het rechterblad plat op het water en ondersteunt de balans van de boot, terwijl u uw linkerhand en -arm nu volledig gestrekt hebt en het linkerblad verticaal gekanteld in het water steekt.

Zorg ervoor dat alleen het blad onder water komt en de bladen volledig zijn bedekt.

Trek uw arm en de handel naar uw middenrif. Houd het linkerblad onder water. Deze roeihandeling staat bekend als 'de boot rondmaken'. De passieve hand en arm leiden dan wel, maar volgen de actieve hand en arm, met het blad horizontaal. U trekt beide armen en handels naar achteren, naar het middenrif. Herhaal deze handelingen totdat de boot 180° is gedraaid.

Bij de versie van de scullerdraai voor gevorderden worden ook de benen en rolbank gedeeltelijk of volledig ingeschakeld.

DE BOOT 'RONDMAKEN' IN EEN VIER ZONDER VRAAGT OM EEN BEHOORLIJKE HOEVEELHEID COÖRDINATIE EN COMMUNICATIE TUSSEN DE PLOEGLEDEN. EERST VAREN DE ENE TWEE DE BOOT ACHTERUIT EN VERVOLGENS ROEIEN DE ANDERE TWEE VOORUIT. BIJ DE VERSIE VOOR GEVORDERDEN VAN DEZE DRAAI WORDEN OOK DE BENEN EN ROLBANK GEBRUIKT.

Hoe vaart u de boot achteruit ('de boot strijken')?

Stap 1

Leg de boot stil en neem de positie van controlepunt 1 in.

Stap 2

Draai de bladen tegelijkertijd om en steek ze vervolgens in het water.

Stap 3

Duw de handels naar voren om achteruit te gaan varen. De bladen blijven rechtop onder water terwijl u uw handen en armen volledig naar voren uitstrekt. Zorg ervoor dat de schacht van de roeiriem niet onder water komt en dat de bladen juist onder water steken. Om de bladen gemakkelijk uit het water te halen draait u de bovenkant van de bladen halfgekanteld van u weg. Om de boot in balans te houden tijdens de recover laat u de bladen langs het water scheren. Herhaal deze handeling zo vaak als nodig is om de boot in de gewenste positie te brengen. Als u hierin wat geoefend bent, gebruikt u de rolbank om uw haal langer te maken.

ACHTERUIT VAREN OFWEL DE BOOT STRIJKEN IS EEN BELANGRIJKE VAARDIGHEID, VOORAL WANNEER DE BOOT OP ÉÉN LIJN MOET WORDEN GEBRACHT BIJ DE START VAN EEN RACE.

De complete roeibeweging in één haal

Vanaf deze fase moet u thuis raken in de commando's die deel uit zullen maken van de verdere roeihandelingen. U hoort meteen op deze commando's te reageren. De stuurman of het daartoe benoemde bemanningslid geeft de commando's. Deze worden steeds belangrijker naarmate de roeiploeg groter is, aangezien zij tot doel hebben de handelingen van de ploegleden synchroon te laten lopen. Zij geven eveneens aan in hoeverre een ploeglid gereed is om tot een willekeurige actie over te gaan.

CONTROLEPUNT 1 IN EEN BOOT MET BOORDROEIERS. DE BLADEN MOETEN TERWIJL U WACHT OP HET COMMANDO 'GO' OF 'ROEI' VERTICAAL GEKANTELD ZIJN.

De controlepunt 1-cyclus

Stap 1

Bij het commando 'Achterstop' gaat u in de achterstoppositie zitten met de bladen plat op het water.

Stap 2

Na een korte pauze volgt het commando 'Slag klaarmaken'. Kantel de roeiriembladen.

Stap 3

Na nog een korte pauze wordt het commando 'Go!' of 'Roei!' gegeven.

De recover, herstel- en controlefase

- Druk met uw handen de handels naar beneden; de rolbank beweegt niet als de bladen uit het water komen. Tegelijkertijd brengt u de bladen in horizontale positie door uw polsen licht naar boven te draaien en duwt u uw handen naar voren (u 'zet ze weg').
- Laat uw armen soepel uw handen volgen totdat ze helemaal zijn uitgestrekt en uw handen tot halverwege uw schenen reiken; buig nu uw lichaam naar voren voor de inpikpositie.
- Trek uw knieën in een vloeiende beweging op totdat de rolbank zo dicht mogelijk uw hielen en de voorstop is genaderd, het zogenaamde oprijden.
- Uw benen zijn dan volledig gebogen en uw armen volledig naar voren gestrekt.

Stap 4
De aandrijffase

- Wanneer uw handen omhoogkomen en de bladen onder water verdwijnen, komt de volle druk van de bladen op uw vingers te staan. Breng uw lichaamsgewicht naar uw tenen.
- Druk uw knieën naar beneden terwijl u aan de handels trekt; houd uw lichaam hierbij goed rechtop.
- Duw uw benen naar beneden tot ze zijn gestrekt.
- Uw handen en armen houden de door de benen gegeven vaart vast; met uw armen trekt u de handgrepen naar het middenrif.
- Maak uw schouders en borst breed. Coaches geven doorgaans de tip dat u tussen uw schouderbladen een squashbal moet kunnen samenknijpen of een noot moet kunnen kraken. Door deze extra trekbeweging brengt u de handels versneld naar het eindpunt van de haal.
- Uw lichaamshouding blijft stabiel en eindigt de haal in de zogenaamde eetstoelpositie; houd uw schouders tijdens de hele haal op een horizontale lijn.
- De cyclus van controlepunt 1 is voltooid als uw handen de recover inzetten en de bladen door de neerwaartse druk van uw handen boven water zijn gekomen. Uw handen en de handels rusten weer in uw schoot.
- Een nuttig commando voor een pauze alvorens deze positie in te zetten is 'Stop op de inpik!'

STEVEN REDGRAVE EN MATTHEW PINSET TONEN ONTZAGWEKKENDE BEENKRACHT TIJDENS DE HALVE FINALE VAN DE ZWARE MANNEN TWEE ZONDER OP DE OLYMPISCHE SPELEN VAN 1988 IN ATLANTA, VS. DE TWEE GINGEN VOOR DE GOUDEN MEDAILLE.

DE GEBROEDERS SEARL IN POSITIE 1 TIJDENS DE ZWARE MANNEN TWEE MET OP DE OLYMPISCHE SPELEN VAN 1992 IN BARCELONA. ZELFS IN ZO'N KLEINE BOOT IS PLAATS VOOR DE STUURMAN, DIE BIJNA GEHEEL IN DE BOEG LIGT. IN ZO'N SITUATIE GEBRUIKT DE STUURMAN NATUURLIJK EEN SPEAKERSYSTEEM OM DE COMMANDO'S DOOR TE GEVEN AAN DE PLOEGLEDEN ACHTER HEM.

Roeien met meervoudige halen

Als u eenmaal de volledige haalbeweging in de vingers hebt, is de volgende stap de cycli van de haal te combineren tot een doorlopende beweging. U kunt het beste beginnen met continu roeien vanuit de respectievelijke controlepuntposities. Begin bij controlepunt 1 en rijg de halen aan elkaar; ga vervolgens verder met de controlepunten 2 en 3 en train uzelf hierin, voordat u ertoe overgaat het aantal knie- en rolbankbewegingen te verhogen.

Wees geduldig en vastbesloten om uw volle aandacht te concentreren op de cycli van de roeihalen vanuit deze drie posities, aangezien zij alle elementen van een volledige roeihaal omvatten. Begin in de vroege stadia van uw leerproces nog niet aan het roeien met de maximale haalbeweging. In deze fase van uw ontwikkeling als roeier zijn de nuttigste oefeningen die waarbij het aantal halen met één haal tegelijk toeneemt en vervolgens afneemt vanuit de respectieve controlepuntposities.

Controlepunt 1 roeien

Deze oefening bestaat uit één haal en één stop, dan twee halen en één stop, vervolgens drie halen en één stop... tot aan tien halen, waarna u het aantal halen met één tegelijk weer terugbrengt tot het begin. Het voordeel van deze oefening is dat u tegelijkertijd zowel meervoudige halen uitvoert als de bootbalans traint. Ga vervolgens over op het controlepunt 2 roeien, en daarna controlepunt 3, waarbij u dezelfde procedure volgt voor elk controlepunt.

Hoe houdt u uw boot recht?

Het basisprincipe is dat u evenveel druk uitoefent op beide riemen. Beide bladen moeten even ver ondergedompeld zijn. Houd die gelijke druk tijdens de gehele haalcyclus vast. De druk wordt op de bladen gehouden en beide handen worden op de juiste (links boven rechts) hoogte gebracht in één lijn met het middenrif. Pas op dat u beide handels niet naar uw heupen trekt.

Uw doel is kleine golfjes in uw kielzog achterlaten in een rechte lijn vanaf de achtersteven van de boot. De voornaamste indicator is de deining die door het achtersteven wordt veroorzaakt. U kunt de golfslag tijdens de hele haal volgen.

Voordat u vertrekt bij een roeitocht, roeitraining of roeirace, bepaalt u waar de boeg van de boot op gericht moet zijn. Kijk eerst over uw schouder, kies dan uw richting, kijk vervolgens voorbij de achtersteven van uw boot en kies twee punten (die zich achter elkaar bevinden) die u samen met het kielwater gebruikt om te bepalen of u rechte koers houdt.

DE OPEENVOLGENDE DEINING VORMT HET ONOMSTOTELIJKE BEWIJS DAT DE SKIFFEUR IN EEN RECHTE LIJN VAART. SOMS KAN HET GEMAKKELIJKER ZIJN OM NAAR HET KIELWATER TE KIJKEN DAT VAN DE ACHTERSTEVEN KOMT EN DAT OP ÉÉN LIJN TE BRENGEN MET REFERENTIEPUNTEN IN DE VERTE.

BIJ HET STUREN OP EEN PARCOURS MET BOEIEN IS HET VEEL GEMAKKELIJKER RECHTE KOERS TE HOUDEN DAN IN OPEN WATER.

Hoe keert u naar bakboord of stuurboord?

Het zal beslist wel eens voorkomen dat uw boot afwijkt van de door u bepaalde koers en dat u hem moet bijsturen door naar bakboord of stuurboord te sturen. Gelukkig hoeft u niet met beide handen te stoppen met roeien, want u kunt de koers van uw boot al varend veranderen. U kunt beter onmiddellijk bijsturen in plaats van wachten totdat u te ver uit de koers bent geraakt.

Ga er bij dit voorbeeld van uit dat u naar stuurboord moet sturen om uw koers bij te stellen (draai de handelingen daarentegen om als u naar bakboord moet sturen).

Stap 1

U beseft dat u uit de koers raakt.

Stap 2

Verminder de lengte en druk van uw haal aan stuurboord totdat u weer op koers ligt.

Hoe legt u de boot aan?

Zorg ervoor dat u de lokale vaarregels kent, want dit kan gevolgen hebben voor de manier waarop u de aanlegsteiger nadert. Terugkeren bij de aanlegsteiger vraagt om behoedzaamheid. Het is een goed idee om dit tegen de stroom en wind in te doen, waardoor u meer controle hebt, aangezien u niet te snel nadert. U stopt eerst op een afstand van minstens 30 m van de aanlegsteiger om te controleren of de weg vrij is. Vervolgens richt u de boeg naar de aanlegsteiger en roeit u er voorzichtig naartoe. Wanneer u binnen 10 m van de aanlegsteiger bent, stopt u met roeien en laat u de boot uitdrijven. U kunt het blad dat het dichtst bij de aanlegsteiger is in horizontale stand brengen, terwijl u de boot voorzichtig afremt met de riem aan de andere kant. Houd deze handeling vol, totdat uw boot parallel aan de steiger ligt.

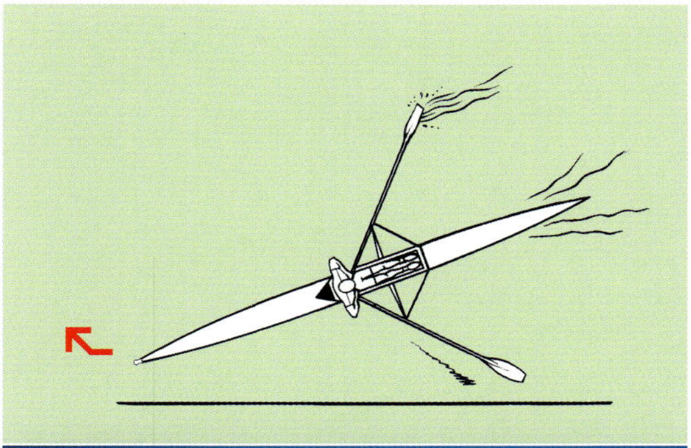

Hoe stapt u uit de boot?

Stap 1

Als de boot langs de aanlegsteiger ligt, pakt u beide handels vast met de hand die het verst van de steiger is verwijderd. Met uw andere hand stopt u de boot en bereidt u zich voor om aan wal te gaan. Gebruik de riem aan de buitenkant om de boeg van de aanlegsteiger af te wenden.

Stap 2

Haal uw voeten uit de schoenen van het voetenbord en zet uw buitenste voet op het opstapplankje.

Stap 3

Ga op het opstapplankje staan (niet op de romp) en stap op de steiger; trek daarbij de handel van de riem aan de waterkant naar u toe. Leg deze riem dwars over de romp van de boot.

linksonder NAAR DE AANLEGSTEIGER VAREN DOOR ÉÉN BLAD DOOR HET WATER TE SLEPEN - LET OP DE SNELHEID EN AFSTAND.

geheel boven BIJ HET NADEREN VAN DE AANLEGPLAATS KUNT U DE BOOT LANGZAAM AFREMMEN DOOR HET BLAD VAN DE RIEM AAN DE TEGENOVERGESTELDE KANT LOSJES IN HET WATER TE STEKEN TOTDAT UW BOOT PARALLEL AAN DE AANLEGSTEIGER LIGT. BRENG HET BLAD AAN DE KANT VAN DE STEIGER IN HORIZONTALE POSITIE.

midden DUW DE HANDELS NAAR VOREN EN HOUD ZE BIJ ELKAAR. LEG VOOR DE BALANS HET BLAD AAN UW LINKERKANT PLAT OP HET WATER; LEG HET BLAD RECHTS VOORZICHTIG OP DE STEIGER.

boven LEG DE RIEM AAN DE WATERKANT DWARS OVER DE ROMP VAN DE BOOT OM DE BOOT STABIEL TEGEN DE AANLEGSTEIGER TE HOUDEN.

Essentiële technieken

De ontwikkeling van een perfecte techniek vereist veel geduld en training. Ontspanning is echter ook belangrijk en de kreet 'Ontspan!' zult u tijdens uw roeicarrière dan ook vaker horen dan u lief is!

Bij het boordroeien en scullen moet een aaneenschakeling van individuele halen zorgen voor een vloeiende en ritmische cyclus zonder rukken en stoten. Alle aandacht moet uitgaan naar een soepele en constante beweging van uw lichaam en de halen, wat vertaald wordt in een regelmatige gang door het water.

Een ervaren en competente coach is absoluut onmisbaar. Hij laat u nooit meer dan een of twee technieken of oefeningen tegelijk trainen. De coach weet waar hij op moet letten en kan u met een videocamera meteen van commentaar en advies voorzien over de kleinste details van uw techniek. Bij het afspelen in slowmotion wordt elke beweging tot microscopische proporties teruggebracht, waardoor u duidelijk kunt zien op welke onderdelen het aan uw techniek schort en waar u dus nog meer op moet trainen.

Behalve het puur technische aspect omvat het coachvak ook nog een sociale kant. Op roeiverenigingen maak je vaak vrienden voor het leven ondanks eventuele leeftijdsverschillen. Een coach neemt de roeier onder zijn hoede en besteedt alle tijd aan hem, niet alleen door hem technieken, riggerafstellingen en wedstrijdtactiek te leren, maar ook door hem mentale vaardigheden en doorzettingsvermogen bij te brengen.

boven START WAARBIJ DE BOOT WORDT VASTGEHOUDEN. **onder** DE TAAK VAN DE COACH OMVAT MEER DAN ALLEEN COMMANDO'S GEVEN.

blz. 59 NA EEN ZEER INTENSIEVE TRAINING WORDT DE SKIFFEUR BELOOND: HIJ IS IN STAAT CONSTANTE EN VLOEIENDE HALEN TE MAKEN.

De roeihaal

De halen zijn bij het boordroeien en scullen vrijwel identiek op één punt na, namelijk de positie van het bovenlichaam tijdens de armhaal. Natuurlijk gebruikt u bij het scullen twee riemen, maar bij de volgende beschrijving ben ik uitgegaan van één riem zoals bij het boordroeien. Elke haalcyclus staat op zichzelf en vergt dezelfde voorbereiding: u moet in balans zijn, ontspannen, flexibel en in staat om een explosieve kracht voort te brengen. Zowel bij het boordroeien als bij het scullen bestaat die cyclus uit twee specifieke fasen: de aandrijffase en de recover. Het ritme van de haal is verdeeld volgens een verhouding van 2:1 (twee recovergedeelten en een aandrijfgedeelte):

Aandrijffase	**Recover**
Inpik	Recover en
Beenactie	voorbereiding
Armhaal	Rolbankcontrole
Uitpik	Blad verticaal kantelen

De inpik

U begint de haal door het blad in het water te brengen. U zit goed rechtop met ontspannen rug, schouders, armen en vingers. U hebt uw knieën tegen uw borst opgetrokken en de rolbank waarop u zit, bevindt zich onder uw schouders. Uw lichaamsgewicht rust op uw voorvoeten; uw schenen staan rechtop. De voorkant van de rolbank zit zo dicht mogelijk tegen uw hielen aan. Probeer op het moment van de inpik geen abrupte beweging met de rolbank naar achteren te maken; controle is hier het sleutelwoord. Uw armen en de handels hebt u zo ver mogelijk over de boorden uitgestrekt - als de vleugels van een vogel - klaar voor de inpik. Uw armen moeten op een lijn zijn met uw schouders, waarbij de afstelling van de riggers een rol speelt. Als het blad het water raakt, snijdt het in het water als een mes door de boter - licht en subtiel, maar toch snel.

Het kost jaren van training voordat uw inpik perfect is. Snelheid is belangrijk, net als de timing van het in het water zetten van het blad en de vervolgbeweging van de haal, maar ga hierbij nooit rukken en trekken aan de handel.

De beenactie

De beenactie start en versnelt wanneer u met uw vingers als het ware aan de handel gaat 'hangen'; u trekt de boot dan voorbij het inpikpunt van het blad in het water door de dynamische versnelling die komt vanuit uw benen; aan het eind van de actie zijn uw benen gestrekt. In deze fase zijn uw spieren nog steeds gespannen, maar u onderbreekt de handeling even. Ga goed rechtop zitten, leun op uw voorvoeten en klem uw vingers om de handel. Op dit moment is het blad nog onder water.

DE INPIK BEGINT MET OPGETROKKEN KNIEËN. HET BLAD MOET 'ALS EEN MES DOOR DE BOTER SNIJDEN'; HET MOET EEN BEHOEDZAME, MAAR SNELLE BEWEGING ZIJN. PROBEER IN GEEN GEVAL TE RUKKEN AAN DE RIEM!

DE BEENACTIE START ALS U AAN DE HANDEL GAAT 'HANGEN' EN DE BOOT VOORBIJ HET INPIKPUNT WORDT VOORTBEWOGEN DOOR DE DOOR UW BENEN VOORTGEBRACHTE DYNAMISCHE VERSNELLING; AAN HET EIND VAN DE BEWEGING ZIJN UW BENEN GESTREKT.

DE TECHNIEK VAN DE ARMHAAL HOUDT CONSTANTE DRUK OP HET BLAD, HET WATER EN HET VOETENBORD. HET BLAD KOMT ZONDER SPROEIERS WEER UIT HET WATER. AAN HET EINDE VAN DE ARMHAAL ZITTEN UW HANDEN BIJ UW MIDDENRIF.

DE UITPIK IS DE AFSLUITING VAN DE AANDRIJFFASE EN HET BEGIN VAN DE RECOVER. HET BLAD WORDT UIT HET WATER GEHEVEN DOOR HET WEGZETTEN VAN DE HANDEN. DRUK DE HANDEL IN UW SCHOOT MET DE BUITENHAND EN HOUD HET BLAD VERTICAAL.

De armhaal

De armhaal veroorzaakt een constante druk tussen het blad, het water en het voetenbord en wordt gekoppeld aan de versnellingsactie van de benen en het naar achteren zwaaien van uw bovenlichaam tot een hoek van 5-10° bij het scullen en 15-20° bij het boordroeien. Aan het eind van de haal zijn uw armen en handen dicht bij uw middenrif, waarbij nog steeds de volle druk van het water op (de binnenkant van) uw vingers staat, totdat het blad uit het water komt, nadat u uw handen naar beneden en zijwaarts naar buiten hebt gedrukt (zie hieronder). Houd uw schouders tijdens het halen horizontaal.

De recover

Het moment waarop het blad uit het water wordt geheven, heet de uitpik, het einde van de aandrijffase van de haalbeweging. U hebt uw borst breed gemaakt en uw ellebogen naar achteren en iets naar buiten getrokken, zodat u de denkbeeldige bal tussen uw schouderbladen kunt vasthouden. Uw onderarmen liggen parallel aan het water. Doordat u met uw handen de handel naar beneden drukt, komt het blad soepel uit het water. Houd het blad tijdens deze actie in verticale stand door de handel met uw bovenste hand (de 'buitenhand') naar uw schoot te drukken. Hierbij strijken uw duimen waarschijnlijk iets langs uw lichaam. Bij het scullen eindigt u de handbeweging altijd voor uw lichaam, nooit ernaast of er voorbij! Het blad komt verticaal uit het water, waarna u het horizontaal kantelt door de handel te draaien met uw onderste hand (de 'binnenhand' bij het boordroeien); hierbij mag u uw polsen ten opzicht van uw handen en onderarmen niet buigen.

Het omklappen van de polsen is een veelvoorkomende fout bij beginners; niet uw pols moet het blad horizontaal draaien, maar uw vingers. Laat uw bovenlichaam in de eetstoelpositie rusten, bijna rechtop, en houd uw hoofd omhoog - kijk naar de boomtoppen!

Recover en voorbereiding

U zit in de controlepunt 1-positie: de achterstop

Uw handen leiden uw armen soepel naar voren. Houd de handel losjes in uw vingers met de duimen aan de onderkant; uw duimen en vingers liggen als een kommetje om de handel heen, de buitenhand zo veel mogelijk aan het uiteinde van de handel. Zijwaartse druk van uw duimen en vingers om doldruk te houden is essentieel bij het roeien. Alle acht vingers moeten aan het uiteinde van de handel zitten, maar de pink van uw bovenste hand mag bij het roeien nooit over de top van de handel heen hangen. Tegelijkertijd duwt u uw armen en handen naar voren, totdat ze volledig gestrekt zijn zoals in de controlepunt 3-positie, met uw handen voorbij uw gestrekte knieën. Uw bovenlichaam buigt iets voorover en armen en schouders zijn volledig (naar voren) gestrekt.

U moet het gevoel hebben dat alle spieren in uw bovenlichaam van boven naar beneden en van achteren naar voren tot in uw vingertoppen zijn gestrekt, terwijl de rolbank op dezelfde plaats blijft. Denk aan alle belangrijke roeispieren die gestrekt moeten zijn (zie blz. 84 en 85).

Vergeet niet hoe belangrijk die ontspanning is die we al noemden: ontspan u, laat uw handen licht op de handels leunen, ga goed rechtop zitten zonder te verkrampen en laat uw gewicht op uw voorvoeten rusten. Uw lichaamsgewicht verplaatst zich van het midden naar de voorkant van de rolbank.

Onthoud de volgende drie balanspunten: vingers, rolbank, bal van de voeten.

Het oprijden

Als uw handen van de controlepunt 3- naar de controlepunt 4-positie gaan, buigt u uw knieën en trekt ze daarna weer op. Met het optrekken van uw knieën en de bootsnelheid rolt de rolbank vloeiend naar voren. Uw lichaamsgewicht moet gelijk over uw voorvoeten zijn verdeeld. In een onafgebroken en soepele handeling beweegt u met handen en armen steeds naar het inpikpunt.

De rolbank bereikt de voorstop zonder 'terug te kaatsen' en blijft een fractie van een seconde op dezelfde plaats, waarbij u de riem verticaal kantelt voordat u de controlepunt 5-positie (de inpik) bereikt. Uw knieën zitten hierbij op okselhoogte.

TIJDENS DE RECOVER KUNT U OP ADEM KOMEN EN DE VOLGENDE HAAL VOORBEREIDEN, TERWIJL DE BOOT VERDER VAART. HOE MEER VAART DE BOOT HEEFT TUSSEN DE HALEN DOOR, HOE MINDER ENERGIE HET KOST OM EEN BEPAALDE AFSTAND AF TE LEGGEN.

HET OPRIJDEN VAN DE ROLBANK; DE BOOT GLIJDT DOOR HET WATER TERWIJL DE INZITTENDEN DE VOLGENDE HAAL VOORBEREIDEN. ZORG ERVOOR DAT U GEEN ABRUPTE BEWEGINGEN MAAKT MET DE ROLBANK, WANT DIE BRENGEN DE BOOT UIT BALANS.

De inpik

Uw handen gaan rustig omhoog ter voorbereiding op de inpik van het blad in het water. Uw armen zijn horizontaal en vrijwel evenwijdig met het water. Nogmaals, de afstelling van de riggers speelt hierbij een rol. U steekt het blad in het water en brengt uw volle gewicht over naar het voetenbord en de handel, waarbij de beenactie synchroon moet zijn met (de beweging van) het blad.

HET OPRIJDEN VAN DE ROLBANK GAAT SAMEN MET HET OPTREKKEN VAN DE KNIEËN. DE VOORSTOP MOET WORDEN BEREIKT ZONDER TERUG TE KAATSEN; DAARNA HOUDT U EEN FRACTIE VAN EEN SECONDE STIL WAARBIJ U HET BLAD VERTICAAL KANTELT VOOR DE INPIK.

BIJ DE INPIK STEEKT U HET BLAD IN HET WATER EN VERPLAATST U UW LICHAAMSGEWICHT NAAR HET VOETENBORD EN DE HANDEL. TEGELIJKERTIJD MOET DE BEENKRACHT VIA HET BOVENLICHAAM EN DE GESTREKTE ARMEN WORDEN OVERGEBRACHT NAAR HET BLAD.

Technische oefeningen

De haalcyclus vindt binnen heel korte tijd plaats. Een haal omvat 40 tot 50 detailbewegingen en bij een haaltempo van 30 halen per minuut herhaalt u om de 2 seconden een haalcyclus. Afhankelijk van het soort training kan een coach u 12 halen per minuut (wat neerkomt op 1 haal om de 5 seconden) of 40 halen per minuut (1 haal om de 1,5 seconden) laten roeien. Toproeiers halen een tempo van ruim 50 halen per minuut bij de start van een race.

Het is niet mogelijk te smokkelen bij de uitvoering van de haalcyclus. Blijf daarom constant trainen op uw haaltechniek, want er sluipt gemakkelijk een foutje in, waardoor het ritme wordt verstoord. Door technische oefeningen kunt u telkens kritisch aandacht besteden aan de onderdelen van de haalbeweging. Elke oefening moet stapsgewijs de controlepunten 1 tot en met 5 volgen, zowel bij een enkele haalcyclus als bij meerdere cycli achter elkaar. Het is handig uw haalcyclus in stuk-

TEMPOMETERS METEN HET AANTAL HALEN PER MINUUT. BEHALVE MET SPEAKERSYSTEMEN ZIJN STUURMANNEN VAAK UITGERUST MET TEMPOMETERS. IN SOMMIGE BOTEN ZONDER STUUR ZIT EEN TEMPOMETER DIE HET TEMPO VAN DE ROLBANKBEWEGINGEN REGISTREERT.

ken te delen en in het begin het gebruik van de rolbank te beperken.

Bepaal eerst het exacte punt waarop u stil moet houden tijdens de haalcyclus (de 'stops' op de controlepunten). Dit is het gemakkelijkst als u bij de controlepunt 1-positie begint en alle punten stapsgewijs afwerkt tot en met controlepunt 4 (de driekwarthaal), voordat u overgaat tot de volle haal. Bij het stapsgewijs trainen leert u uw rustpunt bepalen en als u alle vier controlepunten grondig hebt doorgewerkt, bent u klaar om volledige haalcycli te maken.

Het succes van een roeier staat of valt met de juiste afstelling van het materiaal en een comfortabele positie in de kuip. De afstelling van de riggers is een kunst op zich en kleine veranderingen (soms slechts 2 cm) hebben grote gevolgen voor de uitvoering en handhaving van een redelijke roeitechniek.

De juiste afstelling van de riggers is niet alleen van vitaal belang bij wedstrijden, maar ook bij alle trainingen.

Technische verbeteringen

Het doel van deze oefeningen is uw roeitechniek te verbeteren en onnodige handelingen en bewegingen af te leren. U doet deze technische oefeningen om te leren u te concentreren op de eenvoudigste handelingen en te ontdekken hoe u erin slaagt het meeste effect te bereiken met de minste krachtsinspanningen.

Daarnaast zijn individuele concentratie en teamwork prioriteit nummer één tijdens elke training en wedstrijd.

Met uw ogen dicht

Bij het schaven aan uw techniek, concentratie en uw gevoel voor balans en ritme kiezen veel coaches voor de methode om u korte perioden 'blind' te laten roeien; bijvoorbeeld 5 tot 10 seconden, natuurlijk niet langer, want dan zou u ergens tegenaan botsen. Alle hiernavolgende oefeningen doet u met ogen dicht, zodat u in gedachten elke beweging voor u ziet.

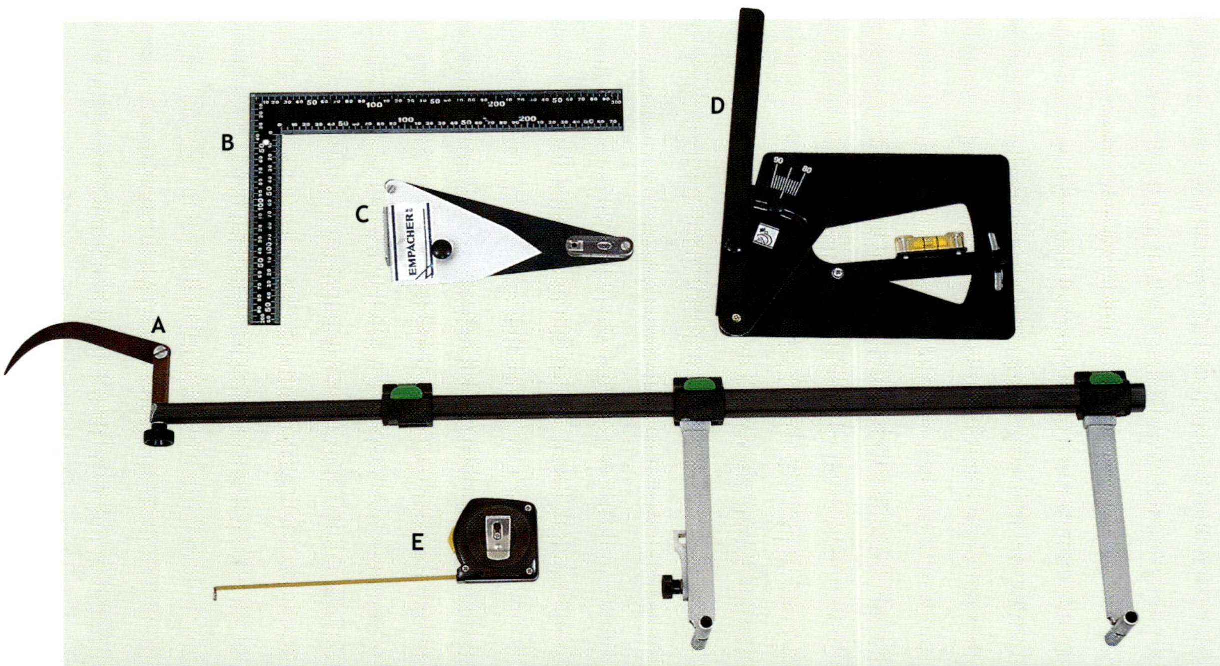

AFSTELMATERIAAL VOOR DE RIGGERS. MET EEN KLEM (A) EN EEN SPANNER (B) VERGELIJKT EN MEET U DE HOOGTE VAN DE DOLLEN. MET GRAADMETERS (C EN D) STELT U HET ZIJ- EN ACHTERFRAME VAN DE RIGGERS AF, EVENALS DE HOEK VAN HET VOETENBORD. MET EEN ROLMAATJE (E) MEET U HET SPAN VAN DE RIGGERS EN DE BINNEN- EN BUITENBOORDAFSTAND VAN DE RIEM.

Roeien zonder schoenen

Boordroeien en scullen lijken wel een beetje op dansen: de bewegingen die u moet uitvoeren net zo subtiel en ritmisch, en balans en precisie zijn vereisten. De volgende oefeningen moet u allemaal kunnen uitvoeren zonder uw roeischoenen aan, waarbij u zich concentreert op het balanceren op de voorkant van uw voeten.

Zonder schoenen - oefening 1

Haal uw voeten uit de schoenen op het voetenbord en zet ze erbovenop. Ga in de controlepunt 1-positie zitten. Zorg ervoor dat u met de voorkant van uw voeten stevig contact houdt met uw schoenen. Licht uw hielen iets en wijs met uw tenen naar uw schoenen. Beëindig elke haal bij boordroeien in de zogenaamde 1 uur-positie (ongeveer een hoek van 10°), terwijl u aan het einde van elke scullhaal met uw rug rechtop in de eetstoelpositie zit.

Uw voeten blijven in verbinding met het voetenbord wanneer uw benen volledig gestrekt zijn. De coach zal dan doorgaans roepen: 'Houd uw gewicht op uw voeten.'

Oefeningvariaties

- Deze oefening kunt u bij de controlepunten 1, 1-2, 1-3 en 1-5 uitvoeren.
- Train dit eerst met een enkele haalcyclus en vervolgens met meervoudige cycli.

Zonder schoenen - oefening 2

Ga met uw rug in de 1 uur-positie zitten bij de achterstop van elke boordroeihaal. In een sculler is deze zithouding gelijk aan de eetstoelpositie. Druk met uw gewicht op het voetenbord en strek uw benen volledig. Breng uw hielen omhoog; wijs met uw tenen naar de roeischoenen.

De coach roept:
'Strek je benen en ga stil zitten met je gewicht op je voeten.'

Oefeningvariaties

- Doe deze oefening met een enkele haalcyclus bij de controlepunten 1, 3, 1-2, 1-3 en 1-5.
- Doe hetzelfde nog een keer, maar nu met meervoudige haalcycli, voor de controlepunten 1, 3, 1-2, 1-3 en 1-5.

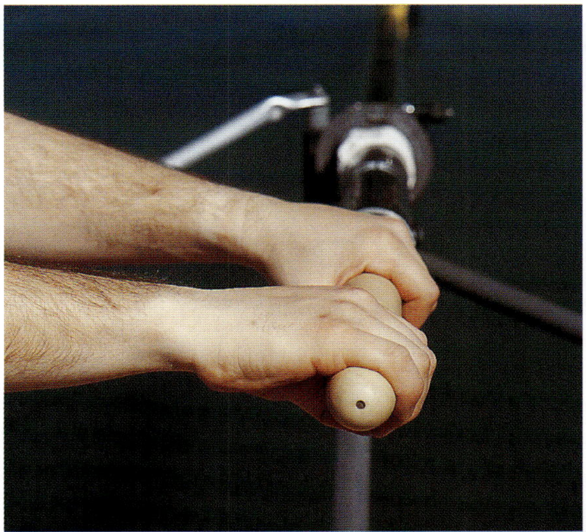

DE BOORDROEIGREEP MET VERTICAAL GEKANTELDE BLADEN. DE POLSEN VORMEN EEN LIJN MET DE VINGERKNOKKELS EN ONDERARMEN. HOEWEL DE GREEP VAN DE VINGERS STEVIG IS, ZIJN DE DUIMEN ONTSPANNEN, WANT DE DOL HOUDT DE RIEM VAST.

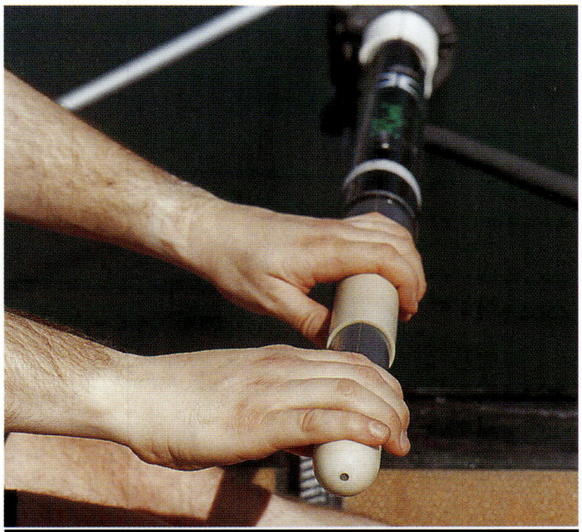

DE BOORDROEIGREEP MET HORIZONTAAL GEKANTELDE BLADEN. DE HANDEN ZIJN ONTSPANNEN, DE POLSEN NIET GEBOGEN. ALS DE DUIMEN DE DRAAIBEWEGING HEBBEN GEMAAKT, HOUDT DE DOL DE RIEM WEER VAST TOTDAT HET BLAD WEER VERTICAAL MOET WORDEN GEKANTELD.

Snelle handacties

De voorwaartse beweging met uw handen en armen moet onafgebroken, soepel en vloeiend zijn. De handsnelheid vanaf de achterstop is het tegenovergestelde van de handsnelheid aan het einde van de armhaal. Deze snelheid hangt geheel samen met het tempo waarin u roeit.

Snelle handactie - oefening 1

Ga in de controlepunt 1-positie ofwel achterstop zitten bij elke boordroei- of scullhaal. Met uw gewicht druk u op het voetenbord en uw benen zijn volledig gestrekt. Bereid het roeien voor van enkele haalcycli en voer dit uit tussen de controlepunten 1 en 3.

De coach roept:

'Duw je handen weg!', hoewel 'Kom vloeiend naar voren en strek je uit!' misschien veel duidelijker zou zijn.

Oefeningvariaties

- Doe deze oefening met een enkele haalcyclus bij de controlepunten 1-2, 1-3 en 1-5.
- Doe hetzelfde maar nu met meervoudige haalcycli.

Snelle handactie - oefening 2

Ga in de controlepunt 1-positie zitten en laat uw riemhandel los. Til uw armen op en strek ze voor u uit, totdat ze evenwijdig aan het water of de binnenkiel zijn. Zwaai uw armen op en neer tot naast uw lichaam, steek ze dan recht omhoog en strek ze voor u uit.

Herhaal dit een aantal keer. Forceer uw schouders niet, maar houd ze horizontaal en ontspannen. Denk maar dat u onder een paar brugleggers zit waarbij uw schouders de leggers raken, terwijl u met de rolbank naar voren rolt. Bereid het roeien voor van enkele haalcycli en voer dit uit met gestrekte armen (niet de armhaal) naar voren tussen de controlepunten 1 en 3.

De coach roept:

'Hang aan de handel en duw je benen omlaag.'

Oefeningvariaties

- Doe deze oefening met een enkele haalcyclus (eerst zonder en daarna met armhaal) bij de controlepunten 1-2, 1-3 en 1-5.
- Doe hetzelfde (ook eerst zonder en daarna met armhaal) met meervoudige haalcycli.

Sculloefening

Scullen - oefening 1

Start vanaf de achterstoppositie met de benen en knieën gestrekt de voorbereidingsfase. Let erop dat de bovenste (leidende) hand de onderste (volgende) hand voorgaat bij het kruisen naar de controlepunt 3-positie. Laat overdreven veel ruimte tussen de bovenste en onderste hand; u moet uw onderste hand op en neer kunnen bewegen. Strek vervolgens rustig uw armen.

Oefeningvariaties

- Enkele haalcycli (met en zonder armhaal) bij de volgende controlepunten: 1-2, 1-3, 1-4 en 1-5.
- Hetzelfde voor de meervoudige haalcycli.

ONDER BEGELEIDING VAN EEN COACH IN EEN DUBBELTWEE LEERT U SNELLER; U KUNT BOVENDIEN VEEL OEFENINGEN DOEN, AANGEZIEN DE COACH DE BOOT IN BALANS HOUDT. BIJKOMEND VOORDEEL: HET IS GEMAKKELIJKER DE BOOT MET Z'N TWEEËN TE HANTEREN.

Het gebruik van 'de duimregel' bij het scullen

Of u nu in een skiff, een dubbeltwee of een dubbelvier roeit - en als de exacte in- en uitpikpunten niet op de boot staan gemarkeerd -, pas voor het innemen van de juiste positie voor de achterstop de zogenaamde duimregel toe ter aanduiding van de achterstoppositie. Ga rechtop in de controlepunt 1-positie zitten (dit geldt voor alle boottypen) met uw benen gestrekt en de scullhandels tegen uw middenrif getrokken. Laat uw duimen naar elkaar wijzen. In de dubbelvier moet de afstand tussen uw duimen één duimlengte bedragen, in de dubbeltwee twee duimlengten en in een skiff drie duimlengten.

geheel boven BIJ DE UITPIK OF ACHTERSTOP MOETEN UW HANDEN ANDERHALVE HAND VAN ELKAAR AF LIGGEN. U HEBT UW ONDERARMEN DAN HORIZONTAAL EN UW POLSEN NIET GEBOGEN.
boven DE COACH HELPT U BIJ DE BEPALING VAN DIT REFERENTIEPUNT.

Voor het boordroeien gelden eigen duimregels. De standaardafstand tussen uw handen op de riemhandel is twee handbreedten. De afstand tussen de buitenkanten van beide handen is een schouderbreedte. Zorg ervoor dat u alleen met uw onderste hand - de binnenhand - het kantelen (verticaal en horizontaal) van het blad controleert. Omsluit het uiteinde van de handel met duim en wijsvinger en houd de handel met uw overige vier vingers losjes vast. Uw bovenste hand - de buitenhand - leunt licht op de handel tijdens de voorbereidingsfase en drukt hem aan het eind van de haal naar beneden. Verder doet die hand niets. Door die neerwaartse druk wordt het blad verticaal uit het water geheven.

Het is ontzettend belangrijk dat tijdens de hele oefening de zijwaartse druk (doldruk) blijft gehandhaafd. Als de exacte referentiepunten van de achterstop niet op de boot zijn gemarkeerd, moet u de achterstoppositie op 65 cm achter het middelpunt van de dolpen laten vallen. Hierdoor zitten in elk geval alle ploegleden bij hetzelfde referentiepunt bij de achterstop. De coach bepaalt deze positie, waarbij hij rekening houdt met de lengte van de individuele sculler.

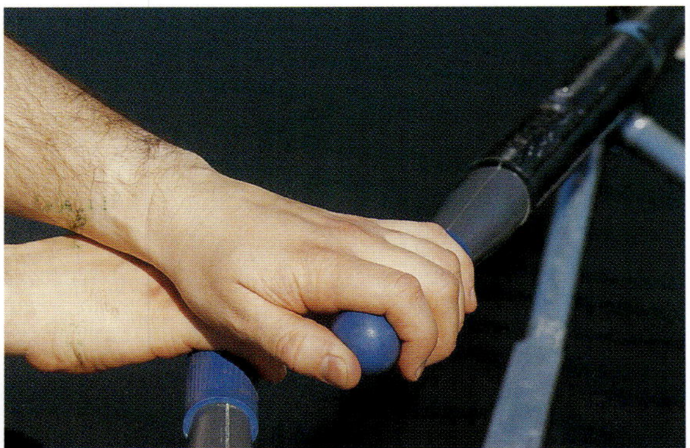

VOOR EEN GEBALANCEERDE HAAL BIJ HET SCULLEN IS EEN JUISTE LINKS-BOVEN-RECHTS-KRUISING VEREIST. DE KNOKKELS VAN UW RECHTERHAND STRIJKEN HIERBIJ LANGS UW LINKERPOLS; DAAROM MAG U TIJDENS HET ROEIEN NOOIT EEN HORLOGE DRAGEN.

Uw handen verzetten bij het roeien

Verzet uw onderste hand op de handel

Gebruik beide handen op de handel en verzet uw onderste hand als volgt. Strek de onderste hand helemaal naar buiten en verplaats die hand dan circa 20 cm naar binnen (richting de handel); plaats hem dan weer in zo'n positie dat hij ongeveer 50 cm van uw bovenste hand is verwijderd.

Met één hand roeien

Met de volgende oefeningen leert u:

- een juiste lichaamshouding tijdens de haal aannemen;
- controle uit te oefenen met uw draaihand;
- doldruk te houden met uw buitenste schouder in de juiste stand.

Met één hand roeien - alleen de onderste hand

Ga in de controlepunt 1-positie zitten met gestrekte armen (dit is een oefening voor boordroeiers), en gebruik alleen de onderste hand waarmee u ook de handel draait. Zet uw onderste hand op de handel en uw bovenste hand op uw heup. Wissel het roeien met verschillende bladstanden af (in verticale stand of in horizontale stand bij de recover), buig uw pols niet bij de achterstop en zorg ervoor dat het blad zonder weerstand uit het water komt. U moet tijdens de oefening de waterdruk op uw vingers blijven voelen.

Oefeningvariaties

- Doe deze oefening met een enkele haalcyclus (zonder en met armhaal) bij de controlepunten 1-2, 1-3, 1-4 en 1-5.
- Doe hetzelfde (ook zonder en met armhaal) met meervoudige haalcycli.

Roeien met één hand - alleen de bovenste hand

Zet uw bovenste hand aan het uiteinde van de handel en uw andere hand op uw heup. Bij deze oefening gaat het erom dat uw hand (heel) licht op de handel rust. Roei hierbij met het blad in verticale stand tijdens de recover en volg verder de hierboven beschreven oefening.

ROEIEN MET DE BINNENHAND; DE BUITENHAND HOUDT U OP UW RUG. OP DEZE MANIER OEFENT U HET VERTICAAL EN HORIZONTAAL DRAAIEN MET DE ONDERSTE HAND. AANGEZIEN DE BOVENSTE HAND VOOR DE TREKKRACHT ZORGT, DUURT DEZE OEFENING LANGER DAN NORMAAL.

Roeien met één hand - rondjes draaien met uw bovenste hand

Deze oefening traint zowel uw armspieren als uw timing en techniek. Laat onmiddellijk na de inpik met uw bovenste hand de riemhandel los; steek uw hand omhoog en draai rondjes met de klok mee. Pak met uw hand vervolgens weer op tijd de handel en drukt die voor de uitpik naar beneden. Houd uw hand tot het begin van de volgende haal op de handel.

Draai tijdens het tweede deel van de oefening tegen de klok in rondjes met uw hand. Na de uitpik laat u met uw bovenste hand de handel los, waarbij u uw arm naar het water draait; uw arm zwaait achteruit en over uw hoofd om samen te vallen met het begin van de volgende haal. Bij het laatste deel van de oefening blijft u roeien zonder uw hand of arm te draaien, waarbij u nogmaals zult voelen dat uw bovenste hand heel licht op de handel rust.

Oefeningvariaties

- Maak de draaibeweging tien keer achter elkaar met de klok mee en tegen de klok in bij de controlepunten 1, 2, 3, 4 en 5.
- Roei zonder te draaien met uw arm en hand heel licht op de handel bij de controlepunten 1, 2, 3, 4 en 5.
- U kunt dit ook oefenen met uw blad in verticale stand tijdens de recover.

Roeien met één hand - de bovenste hand op uw hoofd

Roei met uw onderste hand op de handel en de andere op uw hoofd.

ROEIEN MET DE BINNENHAND (EN DE BUITENHAND OP UW HOOFD). CONCENTREER U OP HET ZETTEN VAN HET BLAD IN HET WATER EN DE UITPIK. GEWOONLIJK CONTROLEERT DE BUITENHAND OOK DE BLADHOOGTE TIJDENS DE RECOVER.

Roeien met één hand - de bovenste hand op uw rug

Roei met uw onderste hand op de handel en de bovenste hand in de holte van uw rug. Let erop dat u in de eetstoelpositie blijft zitten.

Roeien met één hand - variaties met de onderste hand

Houd de achterste staaf van de rigger bij het dolboord vast met uw onderste hand. Roei alleen met uw bovenste hand en volg hierbij de haalcyclus bij de volgende controlepuntposities. U kunt deze oefening ook doen door uw onderste hand op de riemschacht te leggen.

Oefeningvariaties

- Doe deze oefening bij de volgende controlepunten: 1; 1-2; 1-3 en 1-5.
- Begin met een enkele haalcyclus en daarna met meervoudige cycli.
- Herhaal de oefening met een enkele haalcyclus zonder armhaal en vervolgens met armhaal.
- Doe hetzelfde, maar nu met meervoudige haalcycli.

Kanteloefeningen met het blad

Blad in verticale stand - oefening 1

Wissel het roeien met verticaal blad af tijdens de recover met standaardscullen. Het gaat er in eerste instantie om dat u doldruk houdt via de zijwaartse druk van uw duim. Uw wijsvinger komt samen met uw duim aan het uiteinde van de handel, die u vasthoudt met uw vingers.

Tijdens de hele haal oefent u zijwaartse druk uit en vooral bij de uitpik, waar u in de verleiding komt uw handen naar elkaar toe te trekken. U kunt de oefening eerst uitvoeren bij de respectievelijke controlepuntposities, vervolgens met een enkele haalcyclus en tot slot met meervoudige haalcycli.

ROEIEN MET DE BINNENHAND OP DE SCHACHT (BOVEN) EN OP HET DOLBOORD (ONDER).

Oefeningvariaties

- Enkele haalcycli (met en zonder armhaal) bij de controlepunten 1-2, 1-3, 1-4 en 1-5.
- Doe hetzelfde met meervoudige haalcycli: met en zonder armhaal bij de controlepunten 1-2; 1-3; 1-4 en 1-5.

Blad in verticale stand - oefening 2

Wissel het roeien met verticale bladstand af met het roeien volgens de normale fasen van horizontaal en verticaal kantelen tijdens de recover. Het gaat er ook hier weer in de eerste plaats om dat u doldruk houdt via de zijwaartse druk van uw duim en vingers. Hetzelfde geldt als bij oefening 1 die hiervoor is genoemd: houd de doldruk vast tijdens de hele cyclus en houd uw handen uit elkaar!

Let erop dat u in de juiste positie zit bij de uitpik; wees altijd bedacht op hoe u zit! Blijf rechtop zitten en zak niet in elkaar. Houd uw hoofd omhoog. Op dit moment roept menige coach 'Kin omhoog' naar zijn roeiploeg. Let met rechte schouders op de volgende balanspunten: uw lichaamsgewicht moet gelijk verdeeld zijn over uw voorvoeten, terwijl u op de punten van uw billen zit en uw handen licht op de handel rusten.

Oefenvariaties

- Enkele haalcycli (met en zonder armhaal) bij de controlepunten 1-2, 1-3, 1-4 en 1-5.
- Doe hetzelfde met meervoudige haalcycli.

LAAT BIJ HORIZONTALE BLADSTAND UW HANDEN NIET TE VER ZAKKEN, WANT DAT VERSTOORT DE BOOTBALANS EN DE INPIK.

ZET BIJ HET ROEIEN MET DE BLADEN IN VERTICALE STAND TIJDENS DE RECOVER UW HANDEN SNEL WEG, WANT ANDERS RAKEN DE BLADEN HET WATER.

VOOR DE INPIK BRENGT U UW HANDEN OMHOOG OM DE BLADEN NAAR HET WATER TE VERPLAATSEN. STEEK HET BLAD NIET TE VER ONDER WATER, WANT ALS U DAT DOET, ZULT U ONGETWIJFELD DE BOOT UIT BALANS BRENGEN.

EEN AMERIKAANSE MANNEN ACHT TOONT EEN MOOIE GELIJKE BLADHOOGTE VLAK VOOR DE INPIK.

Blad in verticale stand - oefening 3

Roeien met verticale bladstand tijdens de recover is waarschijnlijk de beste techniek. Let op de positie van uw handen bij de inpik; houd uw handen dan ter hoogte van uw knieën. Steek het blad bij de inpik zonder sproeiers in het water en voel de druk van het water aan de binnenkant van uw vingers. Bij de aanraking met deze druk duwt u uw benen naar beneden. Dompel alleen het blad onder water. Maak geen heftige bewegingen bij uw haal en zet het blad niet wild in het water - integendeel, het blad moet als een mes door de boter snijden.

Oefeningvariaties

- Enkele haalcycli (met en zonder armhaal) bij de controlepunten 1-2, 1-3, 1-4 en 1-5.
- Herhaal dit met meervoudige haalcycli voor dezelfde controlepunten.

Blad in verticale stand - oefening 4

Roeien met verticale bladstand tijdens de recover is uiterst geschikt om het mislukken van de haal door een verkeerde bladhoogte tegen te gaan; dit geldt vooral bij de uitpik. Let op de positie van uw handen bij de uitpik en vergeet niet uw middenrif aan te houden als referentiepunt voor de hoogte van uw handen. Houd de handel losjes vast bij de uitpik en hef het blad zonder sproeiers uit het water. Zorg ervoor dat u de druk van het water aan de binnenkant van uw vingers blijft voelen.

Trek bij het scullen uw handen en vingers altijd naar uw middenrif en zorg ervoor dat beide handels op gelijke hoogte zijn bij de uitpik. Een veelvoorkomende fout is de rechterhand dan naar de rechterheup te trekken.

Bij het boordroeien moet de uitpik op dezelfde manier worden uitgevoerd als bij het scullen. Hier maakt men vaak de fout om de handel naar de schoot te trekken. Hierdoor wordt de haal 'om zeep geholpen' doordat het blad te vroeg uit het water komt. Dit heeft negatieve gevolgen voor de balans en stuurrichting van de boot.

Oefeningvariaties

- Enkele haalcycli (met en zonder armhaal) bij de controlepunten: 1-2, 1-3, 1-4 en 1-5.
- Herhaal dit met meervoudige haalcycli voor dezelfde controlepunten.

Het aanscherpen van de inpik

Overzicht

Het is van doorslaggevend belang het blad aan het begin van de aandrijffase in het water te steken. Ik kan niet vaak genoeg herhalen dat de insteek van het blad in het water (ofwel de inpik) precisiewerk is (denk aan het mes en de boter).

Met de volgende oefeningen traint u de snelheid en uitvoering van de inpik.

Het aanscherpen van de inpik - oefening 1

Pak de handel vast met een omgekeerde handgreep. Strek uw handen en armen helemaal naar voren. Voer deze oefening uit bij de controlepunten 3, 4 en 5. Draai uw handen zo dat uw handpalmen aan de onderkant van de handel zitten en uw duimen om de bovenkant heen. Trek tegelijkertijd uw knieën op, zodat u in de beoogde controlepuntpositie komt te zitten (die u voor de oefening wilt gebruiken).

Houd de rolbank vervolgens stil (met opgetrokken knieën), terwijl u de riemhandel optilt en een ovale boog 'tekent' met uw omhooggedraaide handen voor het totstandbrengen van de inpik. Doe deze oefening eerst stapsgewijs en voer daarna geleidelijk het tempo op.

Herhaal deze handeling, waarbij u ervoor zorgt dat het blad op de juiste manier verticaal is gekanteld.

Uw armen houdt u gestrekt, maar niet verkrampt voor u. Tijdens deze oefening maakt u geen armhaal en beenbewegingen.

Het aanscherpen van de inpik - oefening 2

Gebruik de traditionele handgreep en volg dezelfde handelingen als bij oefening 1.

Het aanscherpen van de inpik - oefening 3

Roei met halve en driekwart bank vanaf de controlepunten 3 tot 1 en 4 tot 1. Gebruik de traditionele handgreep en voer verder de hierboven beschreven handelingen uit.

Voer geleidelijk het tempo van uw haalbeweging op. Pas tijdens de recover zowel de verticale als horizontale bladstand toe.

VOLGENS DE MODERNE RIGGERAFSTELLINGEN WORDEN DE BOEG EN DE SLAG AAN DEZELFDE KANT GEPLAATST OM DE BOOT RECHTE KOERS TE LATEN HOUDEN. AANGEZIEN DE ROEIERS OP TWEE EN DRIE OOK AAN DEZELFDE KANT ZITTEN, MOETEN ZIJ ABSOLUUT SYNCHROON ROEIEN. DE HIERBOVEN AFGEBEELDE VIER ZONDER HEEFT EEN HALVE BANK GEROEID EN STAAT OP HET PUNT DE BLADEN VERTICAAL TE KANTELEN VOOR DE INPIK.

Als stuurman optreden en koers houden

De stuurman: een extra lichaam in de boot

Het stuurmanschap werd ingevoerd nadat steeds meer verschillende soorten boten hun weg moesten zoeken en door moeilijke, smalle waterpassages moesten worden geloodst. Bij roeiwedstrijden ging de stuurman integraal deel uitmaken van de roeiploeg - als negende man in een acht, vijfde in een vier met stuur en derde in een twee met stuur.

U kunt er ook voor kiezen stuurman te worden, dat wil zeggen de boot aansturen, zorgen voor de andere ploegleden en handelen als een coach. De stuurman (kortweg stuur genoemd) zit gewoonlijk in de achtersteven van een acht, maar kan ook in de boeg van een dubbelvier, twee met, vier met of acht met liggen, van waaruit hij de boot bestuurt.

Als stuurman bent u een volwaardig lid van de roeiploeg. Uw voornaamste taak is het assisteren van de coach bij de voorbereidingen van uw ploeg. U bent als het ware de ogen en oren van de coach aan boord en draagt zo in grote mate bij aan de prestaties van uw roeiploeg.

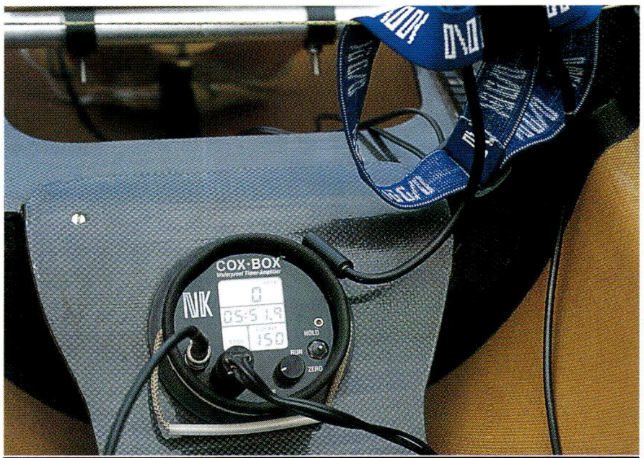

EEN VOORBEELD VAN DE ELEKTRONISCHE APPARATUUR VAN DE STUURMAN VOOR EEN GOEDE COMMUNICATIE MET DE PLOEG VIA MICROFOON EN SPEAKERSYSTEEM; ER ZIT MEESTAL OOK EEN TEMPOMETER EN STOPWATCH BIJ.

DE CAMBRIDGE-STUURMAN JUICHT BIJ DE OVERWINNING TEGEN OXFORD BIJ DE JAARLIJKSE BOAT RACE. LET OP DE CAMERA ACHTER DE STUURMAN VOOR DE LIVE OPNAME TIJDENS DE RACE.

Hoe lichter de bemanning, hoe sneller de boot; dat is logisch. Een stuurman is gewoonlijk klein van stuk. In het gunstigste geval weegt een junior stuurman 45 kg en een senior 55 kg. Bij wedstrijden als de Oxford-Cambridge-race heeft de stuurman een zware verantwoordelijkheid; dit is ook het geval bij langeafstandraces op open water voor achten zoals de Head of the River op de Theems en de Head of Charles in Boston in de VS.

Denk maar aan het aansturen van een van de twee beroemde Boat Race-ploegen in een van de achten - elke boot is voorzien van riemen met een gewicht van 100 kg en vervoert een totaalgewicht tussen de 640 kg en 800 kg. Het is een heel belangrijke functie met veel verantwoordelijkheid. De stuurman moet de stevigge-bouwde roeiers de baas blijven en een totale massa van bijna een ton aan mankracht en materiaal in toom houden. Zie uzelf zitten tegenover uw ploeg en zij aan zij varend met uw tegenstander: de uitslag van de race ligt in uw handen!

Als stuurman en negende lid van een ploeg van acht moet u over stalen zenuwen beschikken, alert blijven en - heel belangrijk - het volste vertrouwen van uw ploegleden hebben bij uw pogingen de tegenstanders te overmeesteren en uit koers te drukken. En dit allemaal zonder dat de riemen van beide ploegen in elkaar grijpen. U bent verplicht u aan de regels te houden, terwijl u het grootst mogelijke profijt probeert te halen uit de stroming en weersomstandigheden. In zo'n situatie kan de stuurman uitgroeien tot held of heldin van de dag.

De beste stuurmannen zijn fanatiek, prestatiegericht en tactisch. Het is een wijdverbreid misverstand dat de stuurman alleen maar in de boot zit om nietszeggende commando's als 'In, uit, in, uit!' te roepen. Daar zou elke roeiploeg knettergek van worden, en een beetje serieuze ploeg zou liever roeien zonder stuur en met een lichtere boot.

De stuurman moet niet alleen buitengewoon goed letten op de ploeg zelf, maar ook op de omgeving waarin wordt geroeid. De veiligheid van de ploeg is een van zijn belangrijkste verantwoordelijkheden: uitkijken voor ander waterverkeer, maar ook zorgen voor het eigen materiaal. Het coachaspect houdt in dat de stuurman met ieder ploeglid in de boot goed moet kunnen communiceren; in een acht zit hij ongeveer 15 m van de boeg verwijderd. Dan beschikt hij over een elektronisch speakersysteem waarmee hij met de overige ploegleden contact houdt; zo horen zij alles wat hij zegt en kunnen zij hierop reageren. Hierdoor blijven ze scherp en vormen ze een goedgetrainde eenheid.

De stuurman streeft naar perfectie qua timing en teamgeest van de roeiploeg, en probeert er qua krachtsinspanning het uiterste uit te halen. Tegenwoordig kan een stuurman gebruikmaken van een berg aan elektronische apparatuur, waarmee de bootsnelheid, de tijd (tot fracties van een seconde) en het tempo (ofwel de cadans, het aantal halen per minuut) kan worden gemeten. Al die informatie kan op de computer gedownload worden ten behoeve van analysen, wedstrijd- en trainingsschema's, enzovoort. Tijdens een training kan de stuurman informatie over de ploegprestaties registreren, bijvoorbeeld over specifieke oefeningen, die daarna met de coach en ploeg wordt besproken.

In sommige landen worden junioren getraind in een dubbelvier met stuur, waarbij potentiële stuurmannen worden gescout. Daarnaast moet een roeiploeg van jongeren tussen de 14 en 16 jaar met weinig roei-ervaring vrijwel altijd worden begeleid door een stuurman die de veiligheid waarborgt. De ploeg kan zich zo concentreren op het scullen, terwijl de stuurman de boot aanstuurt en let op de andere watergebruikers of eventuele gevaren.

EEN SPEAKERSYSTEEM VOOR INSTRUCTIES AAN DE PLOEGLEDEN. DIT IS HANDIG IN ACHTEN EN BOTEN WAAR DE STUURMAN IN DE BOEG LIGT.

Stuurmancommando's

De coach of, bij grotere roeiploegen, de stuurman of een daarvoor aangewezen lid geven de commando's. Gewoonlijk zet de persoon in kwestie in grote lijnen uiteen wat de bedoeling is en geeft vervolgens de commando's. Hierna volgt een lijstje met standaardcommando's.

Achterstop Zie controlepunt 1
Voorstop/naar voren Zie controlepunt 5
Kwart haal Zie controlepunt 2
Halve haal Zie controlepunt 3
Driekwart haal Zie controlepunt 4
Klaar? Vraag die voor elke actie/handeling of instructie wordt gesteld. Tussen die vraag en de daaropvolgende instructie zit een kleine pauze, net als voor het commando '**Go**' of '**Roei**'.

Om te stoppen wordt gewoonlijk '**Laat lopen**' geroepen.

Roeitraining

Voor de lol en de ontspanning

'Business voor pleasure' hoor je weleens zeggen. Dit gaat echter niet op voor de roeisport, want voor die pleasure roeien we juist, en dat is de enige goede reden om deze sport te beoefenen: voor het plezier. En als u er geen lol meer in hebt, wordt het tijd om ermee te stoppen!

In eerste instantie moet u bedenken wat u wilt bereiken met de roeisport. Gaat het om een puur recreatieve activiteit? Wilt u roeien toch wel redelijk serieus gaan beoefenen? Of wilt u de top bereiken en alles ervoor opzijzetten? Allerlei aspecten spelen hierbij een rol: de beschikbare tijd, de kosten, eventuele studiedruk of verplichtingen thuis, door uw beroep opgelegde beperkingen, enzovoort. Al deze aspecten hebben invloed op uw uiteindelijke keuze.

Natuurlijk is het ook de vraag in hoeverre u over talent en het benodigde fysieke vermogen beschikt om te gaan roeien. En dan heb ik het nog niet over topprestaties. Die zijn slechts voor enkelen weggelegd. Als u de ongelooflijke prestaties van een ploeg als de Britse vier zonder, de winnaars van de gouden medaille op de Olympische Spelen in Sydney - en met name van Steven Redgrave, die vijf keer achter elkaar olympisch goud won - probeert te evenaren, zal dit alleen maar leiden tot frustraties. Roeihelden als de 'Verschrikkelijke Vier' uit Australië en roeiheldinnen als de twee van Marnie McBean en Kathleen Heddle vormen fantastische rolmodellen, maar dit niveau haalt u niet zomaar. U kunt echter wel net zoveel plezier aan het roeien beleven als zij.

geheel boven DEZE ERGOMETER MET BEWEEGBAAR VOORSTUK BOOTST ZO VEEL MOGELIJK DE BEWEGINGEN VAN DE BOOT EN ROEIER NA.

onder STEVEN REDGRAVE ROEIT OP TWEE IN DE ENGELSE VIER ZONDER. ZIJN OUDE PLOEGMAAT UIT DE TWEE, MATTHEW PINSENT, IS DE SLAG.

blz. 77 EEN VROUWEN DUBBELVIER ONTWIKKELT EEN GEWELDIGE VAART; EEN PLOEGLID KIJKT OVER HAAR SCHOUDER OF DE JUISTE KOERS WORDT GEHOUDEN.

NA JARENLANGE TRAINING EN INSPANNING SMAAKT NIETS ZO LEKKER ALS DE OVERWINNING. HET GEJUICH VAN DE ITALIAANSE TWEE, LEONARDO PETTINARI EN CARLO GADDI, BIJ DE WERELDKAMPIOENSCHAPPEN IN 1994, VORMT EEN MOOI STAALTJE 'SYNCHROON TEAMWORK'.

In welke klasse hoort u thuis?

Op basis van leeftijd en wedstrijdniveau zijn er klassen voor mannen en vrouwen. De Internationale Roeifederatie FISA (Fédération Internationale des Sociétés d'Aviron) controleert de internationale raceclassificaties. Verder hanteert elke nationale roeibond vaak eigen wedstrijdcategorieën op basis van de situatie in het desbetreffende land.

Voor mannen en vrouwen bestaan aparte niveaus. Hieronder volgt het Nederlandse indelingssysteem. De junioren behoren tot het eerste niveau met een onderverdeling op basis van leeftijd in de volgende groepen: J - Jongens alle leeftijden, M - Meisjes alle leeftijden, 18 - geboren in 1984 of later, 16 - geboren in 1986 of later, 14 - geboren in 1988 of later en 12 -geboren in 1990 of later.

Voor de senioren bestaan verschillende categorieën van recreatief roeien tot diverse wedstrijdklassen, waarin de roeiers worden ingedeeld op basis van het in de competitie getoonde niveau.

Indelingssysteem

Het indelingssysteem is progressief: hoe beter het niveau, hoe hoger de klasse. De Nederlandse indeling voor de senioren is als volgt: H - Heren, D - Dames, LH - Lichte Heren, LD - Lichte Dames, SA - Senior A Alle Leeftijden, SB - Senior B geboren in 1980 of later, O - Overgangsklasse (maximaal 7 overwinningen), N - Nieuwelingen (maximaal 2 overwinningen), B - Beginners (geen overwinningen).

Elk land kan zijn eigen vergelijkbare systeem toepassen. In het algemeen gaan boordroeiers en scullers over naar een hogere klasse als zij genoeg punten hebben verzameld door in hun respectievelijke bootcategorieën races te winnen. Bij elke overwinning verdienen zij punten. Dit gaat bijvoorbeeld als volgt: ieder ploeglid (dit geldt ook voor skiffeurs) ontvangt één punt bij de overwinning in een bepaalde bootcategorie. Als een roeier in één roeiseizoen twee punten verzamelt, gaat hij over van de B-klasse naar de N. Bij een totaal van zeven punten promoveert hij naar de O-klasse.

Voor mannen en vrouwen die de leeftijd van 27 jaar hebben bereikt, bestaat de zogenaamde Mastersklasse. Dit zijn de roeiers die, zolang zij hiertoe fysiek in staat zijn en er plezier in hebben, fanatiek deel blijven nemen aan nationale en internationale wedstrijden.

De FISA World Masters-regatta is een jaarlijks terugkerend evenement waaraan Masters uit de hele wereld meedoen.

Tussen de 4000 en 6000 roeiers komen dan bij elkaar om hun liefde en enthousiasme voor de sport te delen. De organisatie van deze jaarlijkse regatta rouleert telkens tussen de landen waar internationale regatta's plaatsvinden.

De Masters-competitie is ingedeeld in acht leeftijdsgroepen: categorie A (gemiddelde leeftijd 27), categorie B (gemiddelde leeftijd 36); het leeftijdsverschil tussen B, C (gemiddeld 43) en D (gemiddeld 50) is 7 jaar; daarna volgen de categorieën elkaar nog sneller op: E gemiddeld 55 jaar, F gemiddeld 60, G gemiddeld 65 en tot slot H met een gemiddelde leeftijd van 70 jaar.

Veel internationale toproeiers, die op basis van hun leeftijd naar de Masters-klasse zouden kunnen overgaan, kiezen ervoor in hun huidige seniorenklasse te blijven roeien. Het komt regelmatig voor dat zij tot een leeftijd van eind 30, begin 40 op topniveau blijven meedoen.

Trainingsschema's

Nu u een idee hebt wat uw niveau is op de roeiladder, kunt u gaan kijken over hoeveel vrije tijd u beschikt en hoeveel u daarvan aan roeien wilt en kunt besteden.
Het ontwikkelingsproces van een roeier lijkt op het bereiden van een ingewikkeld gerecht. Er wordt telkens een ingrediënt toegevoegd en stap voor stap boekt een roeier vooruitgang in dit proces.

Techniek staat aan de basis van alles. Hoelang u ook roeit, u zult altijd uw techniek blijven perfectioneren. Het tweede belangrijke ingrediënt bestaat uit een goede conditie, flexibiliteit en mobiliteit. Het derde omvat fysieke kracht, snelheid en uithoudingsvermogen.

Om op internationaal niveau te komen en zelfs om misschien voor de olympische selectie in aanmerking te komen hebt u nog twee extra ingrediënten nodig. Het gaat zowel om fysieke eigenschappen als de psychologische benadering en motivatie. Het belang van de laatste twee factoren mag nooit worden onderschat, want zij staan voor eigenschappen als *killer instinct*, de wil om te winnen, enzovoort.

Tijdens de ontwikkeling van uw roeivaardigheden, conditie en kracht zult u merken dat u steeds meer kunt vertrouwen op uw eigen lef en vastberadenheid. Op topniveau heeft iedere roeier die in de finale zit van een wereldkampioenschap of de Olympische Spelen kans op een gouden medaille. Wat de kampioenen van de rest onderscheidt, zijn hun toewijding en bereidheid alles opzij te zetten voor hun training en wedstrijdvoorbereiding en natuurlijk hun onwrikbare wil om te winnen.

De hierna beschreven richtlijnen geven voor elke ontwikkelingsfase een overzicht van de benodigde trainingskenmerken. Het is mogelijk de schema's in kortere tijd af te werken en op die manier uw ontwikkeling te versnellen. Dit vergt echter aanzienlijk veel tijd, toewijding en betrokkenheid. De volgende uiteenzetting is gebaseerd op een meer behouden instelling, die op het merendeel van de roeiers van toepassing is.

DE KRACHTSINSPANNING VAN DEZE SKIFFEUR IS AF TE LEZEN VAN ZIJN GEZICHT AAN HET BEGIN VAN EEN NIEUWE HAAL.

KNIEBUIGINGEN MET EEN HALTER VERGROTEN DE BEENKRACHT. VEEL HERHALINGEN MET EEN LICHT GEWICHT BEVORDEREN HET UITHOUDINGSVERMOGEN VOOR DE LANGEAFSTANDSRACES. WEINIG HERHALINGEN MET ZWAARDERE GEWICHTEN ONTWIKKELEN DE EXPLOSIEVE KRACHT DIE NODIG IS VOOR DE STARTS. TIL DE HALTERS NIET OP MET UW ARMEN, MAAR HOUD ZE OP UW SCHOUDERS TIJDENS DE OEFENING.

Eerste en tweede jaar

Techniek en basistraining

Tijdens de eerste twee jaar van uw roeicarrière kunt u het beste zo veel mogelijk tijd in de boot en op de ergometer doorbrengen. U wilt graag uw roeivaardigheden verbeteren door een solide technische basis te leggen. U zult daarbij algauw ontdekken dat de ontwikkeling van uw techniek nooit eindigt - het kan altijd beter!

Bij de junioren in de leeftijdscategorieën tot 13 en 14 jaar oud, evenals bij de Senioren B en N, is de ontwikkeling van de techniek het allerbelangrijkst. In dit stadium speelt de coach dan ook een cruciale rol.

rechts STAAND GEWICHTHEFFEN MET DE ARMEN (MET DE RUG EN BENEN GESTREKT) VERBETERT DE ARMHAAL, VOORAL ALS U DE NEIGING HEBT DE HANDEL NAAR UW SCHOOT TE TREKKEN EN DE HAAL OM ZEEP TE HELPEN.

Derde en vierde jaar

Trainingsfase voor gevorderden

Juniorenroeiers moeten al vroeg getraind worden in flexibiliteit. Daarnaast is het even belangrijk de technische ontwikkeling voort te zetten bij de groepen tot 15 en 16 jaar.

Senioren O-roeiers - meestal studenten - kunnen onderworpen worden aan een steviger en gevarieerder trainingsprogramma; het kan geen kwaad hierin ook krachttraining op te nemen.

Als de technische basis eenmaal is gelegd, kunt u meer activiteiten op het gebied van de fysieke conditie en flexibiliteit gaan toevoegen. Het gaat hier om een officieel trainingsprogramma dat standaard voor alle bootcategorieën en ergometers kan worden toegepast.

Het vijfde jaar en verder

Tijd om alle elementen samen te voegen

Door training in de boot bouwt u natuurlijk veel belangrijke spierkracht op, maar toch moet u op een gegeven moment krachttraining toevoegen aan uw roeiroutine. Vanaf het vijfde jaar start u eigenlijk de training om te streven naar een hoog prestatieniveau, tenzij u dat niveau al in vier jaar hebt bereikt!

Tijdens dat jaar worden alle onderdelen samengevoegd. U besteedt 16 tot 20 uur per week aan training, waarbij u techniek, fysieke conditie, flexibiliteit, kracht, snelheid en uithoudingsvermogen combineert. Verder bent u voortdurend bezig met de mentale voorbereiding en motivatie.

Krachttraining voor junioren kan vanaf de leeftijd van 16 jaar worden opgenomen in het trainingsprogramma, maar besef wel dat het lichaam dan nog niet helemaal is volgroeid. Wees voorzichtig en zorg voor constante begeleiding bij dit onderdeel. Voordat een volwaardig krachttrainingsschema kan worden toegepast, moet iedere roeier - ongeacht zijn leeftijd - instructies krijgen over alle fitnessapparaten en hun werking.

VERGEET NOOIT DE STRETCHOEFENINGEN AAN HET BEGIN VAN DE FITNESS- OF KRACHTTRAINING. HIERMEE VOORKOMT U NIET ALLEEN BLESSURES, MAAR VERBETERT U OOK UW MOBILITEIT EN FLEXIBILITEIT.

Het trainen met gewichten en halters is riskant. Zorg dan ook voor begeleiding door een ervaren coach, die toezicht houdt op de techniek en de belasting in de gaten houdt. Train altijd samen met twee of drie personen van uw eigen leeftijd. Hierdoor loopt u niet het risico uw lichaam te overbelasten al u niet wilt onderdoen voor roeiers die ouder en lichamelijk beter ontwikkeld zijn.

Limieten qua lichaamsgewicht

Voor de Senioren A en internationale mannen- en vrouwencategorieën bestaan de volgende twee schema's: het gemiddelde gewicht van de roeiploeg en het maximale individuele gewicht.

Lichte roeiers	**Roeiploeg gem. gewicht**	**Maximum ind. gewicht**
- Mannen	70 kg	72,5 kg
- Vrouwen	57 kg	59 kg
Zware roeiers	geen limiet	geen limiet

Junior stuurvrouwen moeten minstens 50 kg wegen; alle stuurmannen 55 kg (bij juniorploegen tot en met 16 jaar geldt geen limiet). Stuurmannen mogen niet meer dan 10 kg ballast bij zich dragen.

Het trainingsjaar

Het trainingsjaar (overgenomen van de FISA-coachcursus) ofwel de indeling in tijdvakken is het uitgangspunt bij de opstelling van een trainingsprogramma. Het wordt ook wel het roeiseizoen genoemd. Bij de planning moet rekening worden gehouden met het internationale wedstrijdschema op het noordelijk halfrond, waar het grootste gedeelte van de internationale wedstrijden plaatsvindt in de zomer.

Op het zuidelijk halfrond daarentegen wordt getraind in de winter en moet men voor deelname aan internationale races de wedstrijden in Europa afreizen, wat veel tijd en geld kost.

HET MAAKT NIET UIT OF U VEEL TIJD IN DE SPORTSCHOOL DOORBRENGT OF STAPELS ROEIBOEKEN LEEST, GOED LEREN ROEIEN LUKT ALLEEN MAAR DOOR KILOMETERS IN DE BOOT TE MAKEN. DAT IS DE ENIGE MANIER, NAAST EEN UITGEBALANCEERD TRAININGSPROGRAMMA, WAAROP UW INSPANNINGEN WORDEN BELOOND.

Roeitraining

In dit hoofdstuk wil ik u graag bekendmaken met de grondbeginselen en begrippen van de roeitraining. Dit boek is vooral bedoeld voor de nieuwkomers in de sport, zowel junioren als senioren. Desondanks is het raadzaam, ongeacht uw leeftijd of niveau, een beetje inzicht te krijgen in de wetenschappelijke kant van de roeitraining.

U moet zich bewust zijn van het hoe en waarom van elk trainingsonderdeel: wat gebeurt er in uw lichaam en welk effect bereikt u ermee? Wilt u uw uithoudingsvermogen verbeteren, vet verbranden, bepaalde spiergroepen versterken of gaat het om uw flexibiliteit en lenigheid? Het is belangrijk met al deze facetten rekening te houden en uzelf bij elk specifiek trainingsonderdeel af te vragen welk doel u voor ogen hebt. Het trainingsprogramma moet aangepast zijn aan uw persoonlijke behoeften en doelstellingen.

De training doseren

Het is noodzakelijk individuele trainingsbehoeften zorgvuldig vast te stellen en te begeleiden. Een goedgepland trainingsschema is gericht op een geleidelijke toename van de intensiteit, zodat uw kracht en uithoudingsvermogen groeien en u opgewassen bent tegen de fysieke en mentale stress (in positieve zin!) die gepaard gaan met het roeien op hoger niveau. Door de opeenvolging van steeds zwaardere fysieke inspanningen treedt er langzamerhand een proces van gewenning op in uw lichaam, dat vervolgens meer spierweefsel ontwikkelt om de door de training gestelde eisen aan te kunnen.

Het principe van de trainingsopbouw

Door geleidelijk de intensiteit van de trainingssessies te vergroten kunt u zwaardere inspanningen steeds langer volhouden en zal uw prestatieniveau verbeteren. Om een inschatting te maken van uw huidige conditie kunt u een eenvoudige test doen.

Als een coach u opdraagt 300 diepe kniebuigingen te maken en u hebt zo'n aantal in het verleden nooit gehaald, is het begrijpelijk dat u er na 100 kniebuigingen bij neervalt. Zegt hij daarentegen dat u binnen twee weken in staat moet zijn die 300 kniebuigingen te maken, dan zal het resultaat van uw pogingen een stuk positiever zijn. U kunt deze oefening bijvoorbeeld als volgt opbouwen: begin met 25 kniebuigingen en voeg er elke dag 15 aan toe; na twee weken doet u er fluitend 300. Probeer het maar eens om te kijken of die opbouw inderdaad werkt.

Bij een trainingsopbouw zijn afwisseling en rust eveneens onmisbaar, vooral wanneer u moe bent van het gereis en de wedstrijden. Om opgewassen te zijn tegen elke trainingssessie en uw niveau telkens te verbeteren is het van primair belang tussendoor uit te rusten. Wissel trainingsdagen af met rustdagen om uw spieren niet te overbelasten. Als u als een dwaas door blijft trainen, bereikt u alleen maar het tegenovergestelde effect: u raakt geblesseerd en bent voor een tijdje uitgeschakeld, waardoor u daarna weer van voor af aan kunt beginnen.

Een constant aanpassingsvermogen

Onlangs hoorde ik een cricketcommentator de term 'spiergeheugen' gebruiken. Ik vond dat een perfecte aanduiding voor het rendement dat wordt bereikt door onafgebroken training, programmering en toepassing van een routine van de respectievelijke spiergroepen die nodig zijn voor het kunnen uitvoeren van specifieke handelingen.

Elk trainingsprogramma moet erop gericht zijn het individuele aanpassingsvermogen te ontwikkelen, zodat men openstaat voor nieuwe gewaarwordingen, vaardigheden en handelingen. In combinatie met relevante fysieke inspanningen hoopt men dan een positief resultaat te bereiken: zo zullen dansers door veel oefenen danspassen willen leren, en voetballers, volleyballers, hockeyers, enzovoort zullen balgevoel willen ontwikkelen.

Bij technische oefeningen is het absoluut noodzakelijk de individuele situatie van iedere roeier zorgvuldig voor te bereiden. Dit begint al met de afstelling van de riggers, de stapsgewijze opbouw van de haalcyclus en daarnaast de instructies voor de training met gewichten en ademhalingstechniek.

Als u stopt met trainen, vindt onmiddellijk een omgekeerd proces plaats, twee keer zo snel als het opbouwen van de conditie en het aanleren van de techniek. Alle roeiers stuiten op dit probleem bij blessures wanneer zij gedurende een bepaalde periode niet kunnen trainen.

Wees daarom voorzichtig en gebruik uw gezond verstand. Raak niet overtraind en volg de adviezen van uw coach. Kom ook niet in de verleiding om stappen over te slaan, u bereikt toch alleen met veel trainingsijver een hoger niveau.

TIJDENS EEN ROEIKAMP KOMT AL UW STRIJDLUST NAAR BOVEN EN WORDT U TOT GROTE PRESTATIES AANGEZET. BOVENDIEN KUNT U MET DE ANDERE DEELNEMERS NIEUWE DINGEN LEREN EN 'ONOFFICIËLE' WEDSTRIJDEN HOUDEN. DAT BRENGT AFWISSELING IN UW TRAININGSSEIZOEN.

Wat omvat een trainingsprogramma?

Op de vorige bladzijden werden de basiselementen van een trainingsprogramma behandeld. Nu is het tijd om over te gaan tot specifiekere kenmerken. Roeien is een kracht- en duursport en de respectievelijke trainingsprogramma's op het water en in de fitnesszaal houden rekening met die specifieke kenmerken. De roeihaal wordt 2000 keer herhaald bij een gemiddelde roeitraining en ongeveer 240 keer op een wedstrijdparcours van 2000 m. Tijdens de Boat Race maken de Oxford- en Cambridge-ploegen ongeveer 700 halen.

Enige fysiologische basiskennis

De onafgebroken reeks van halen vereist een constante bloedtoevoer naar alle betrokken spiergroepen tijdens het roeien. De roeitraining beoogt onder andere de vermeerdering van het aantal haarvaten in vooral de 'langzamere' spiervezels. De biologische uitdrukking hiervoor is kapillarisering. De haalbeweging is op zichzelf al de beste en effectiefste manier om deze groei tot stand te brengen. Veel tijd in de boot of op de ergometer doorbrengen is dus bijzonder nuttig voor uw ontwikkeling.

Het aërobe vermogen

De maximale zuurstofopname (VO_2) staat voor het (maximale) aërobe uithoudingsvermogen van het lichaam. Dit geeft de grootste zuurstofhoeveelheid aan die per individu kan worden opgenomen tijdens fysieke inspanningen ter hoogte van de zeespiegel (Astrand, 1970). De waardebepaling van de maximale zuurstofopname van een atleet vormt het beste criterium voor de beoordeling van zijn aërobe uithoudingsvermogen die door training met maximaal 15-20% verbeterd kan worden.
(Sports Training Principles van Frank W. Dick).

Het aërobe systeem

Roeiraces over een afstand van 2000 m vallen in de categorie duursporten. Met andere woorden: het aërobe systeem is elementair voor de roeiprestatie en vraagt dus om een grondige voorbereiding om opgewassen te zijn tegen de hoge fysiologische eisen en de fysieke krachtsinspanning die tijdens een race worden gevergd. Soms wordt tijdens een race het uiterste gevraagd en zijn er ook nog ongunstige stromingen en tegenwind. Dan kan een gewoonlijk 6 minuten durende race veranderen in een verschrikking van 10 minuten lang!

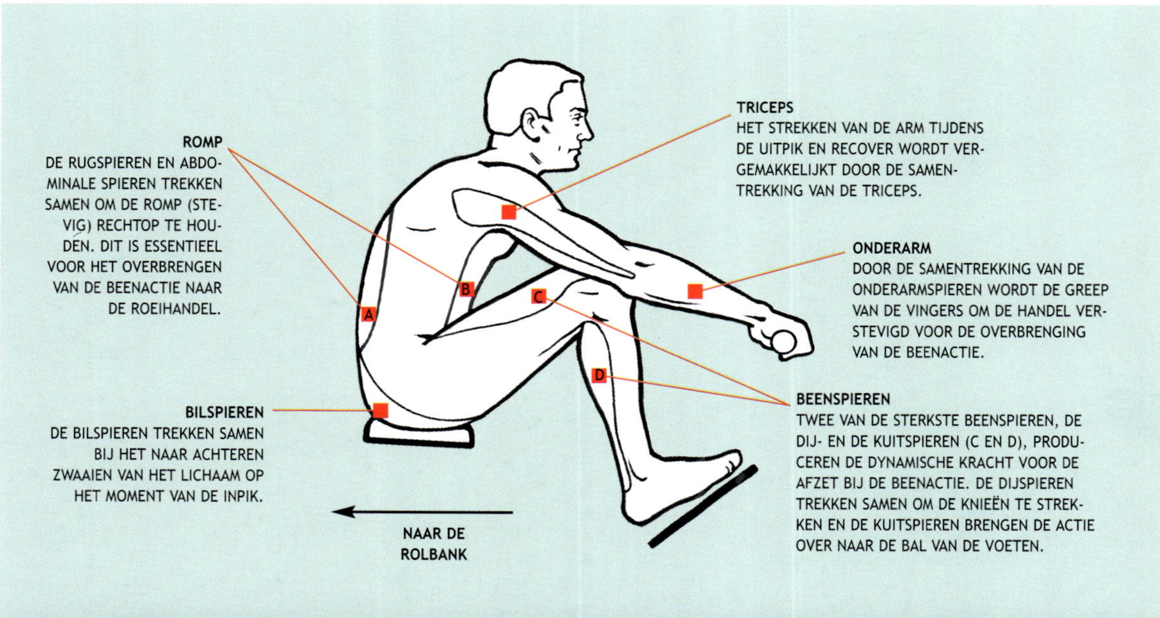

DIT OVERZICHT GEEFT DE SPIERGROEPEN (EN HUN FUNCTIE) WEER DIE U GEBRUIKT BIJ DE INPIK EN HET BEGIN VAN DE BEENACTIE.

Het anaërobe systeem

Als de roeier zo veel energie verbruikt dat er sprake is van uitputting en verzuring in de spieren als gevolg van zuurstoftekort, treedt er anaërobe verhoging op.

Tijdens een race zijn er twee fasen waarin een roeier de effecten van het bereiken van de anaërobe drempel kan voelen: de eerste is meteen na de start van de race tijdens de eerste 150 tot 200 m, wanneer een maximale krachtsinspanning wordt geleverd; afhankelijk van de bootcategorie duurt deze periode 28 tot 40 seconden.

De tweede fase treedt op in de slotfase van de wedstrijd, waarin natuurlijk ook maximale krachtinspanningen worden geleverd gedurende circa 50 tot 60 seconden in de sprint naar de finish; op dat moment treedt er een zuurstoftekort op.

De anaërobe drempel

Na het bereiken van de anaërobe drempel resulteren verdere krachtinspanningen in een verzuring van de spieren, waarna de spieren verkrampen en de roeier moet stoppen om blessures te voorkomen.

Verhoging van de anaërobe drempel

De twee voornaamste methoden voor dit type training bestaan in eerste instantie uit de productie van lactaat en in tweede instantie uit de lozing ervan. Deze training moet dus op twee zeer uiteenlopende manieren worden uitgevoerd. Tijdens de productiefase van lactaat zal het trainingsplan gericht zijn op een verhoging van de zuurstofopname evenals op een verhoging van de anaërobe drempel en van de maximale zuurstofopname. Bij deze sessies kunt u zes afstanden van 1,5 minuut roeien met een korte rustpauze van 1 tot 1,5 minuut. Tijdens de hele sessie vermeerdert het lactaat. De training voor het opbouwen en afbreken van lactaat omvat een gedeelte met hoge snelheid en zware krachtinspanning gevolgd door een gedeelte in een lagere snelheid en tot slot 15 minuten roeien met heel weinig krachtinspanning.

De belangrijke spiergroepen die gestrekt moeten worden, vindt u in het onderstaande kader. Hieronder vallen de abdominale en buikspieren, de bilspieren, de biceps en triceps , de kuit- en dijspieren, scheenspieren en hamstrings.

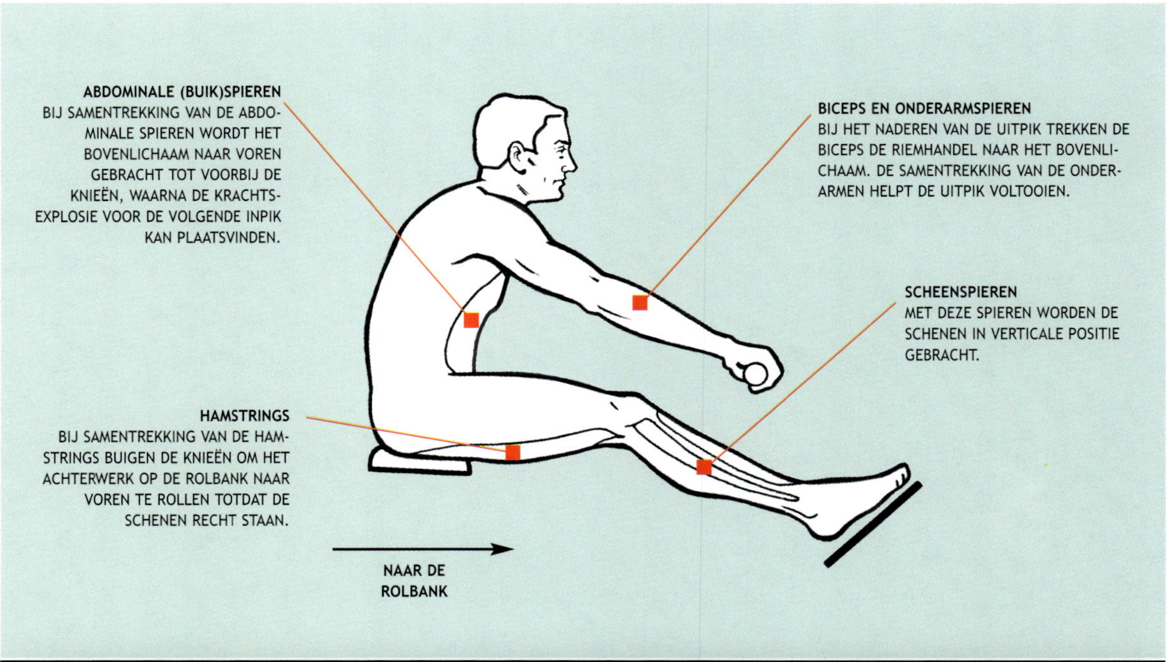

DIT OVERZICHT GEEFT DE SPIERGROEPEN (EN HUN FUNCTIE) WEER DIE U GEBRUIKT TIJDENS DE RECOVER.

Trainingsmethoden op topsport-niveau

Het is de moeite waard de trainingsbelasting van toproeiers onder de loep te nemen. De intensiteit van hun trainingsprogramma wordt gelijkmatig opgebouwd, verspreid over een langere periode. Plotselinge pieken in de training hebben geen enkel effect op langere termijn; er wordt constante inspanning gevergd.

Bij het opstellen van een trainingsschema houdt de coach rekening met de vooruitgang van de roeier over de afgelopen jaren evenals met de doelstellingen voor het komende seizoen. De kern van alle trainingsprogramma's voor roeien bestaat uit een regelmatig tempo en duurtraining, afgewisseld met een rustiger tempo en hersteltraining. Voor diverse oefeningen zijn coaches nu ook in staat een specifiek aantal hartslagen per minuut vast te stellen. Veel coaches raden hun roeiers aan hartslagmeters te gebruiken. Coaches horen een uitgebalanceerd en objectief trainingsprogramma op te stellen. Het resultaat hiervan moet zich voor 60-70% richten op de training van het aërobe systeem met als doel de verhoging van de zuurstofopname in de spiervezels, zonder dat de melkzuurproductie toeneemt. De rest van het programma, 30-40%, wordt besteed aan activiteiten ten behoeve van het anaërobe systeem. Het doel hiervan is de bevordering van de hart/longen/bloedcirculatie, de verbetering van de energieomzetting, een verhoging van het aërobe uithoudingsvermogen en de verhoging van de maximale zuurstofopname.

Training op het droge

Vergeet nooit dat het belangrijk is altijd te trainen onder toezicht van instructeurs, maar houd er wel rekening mee dat het merendeel niet over specifieke roeikennis beschikt en slechts enkelen een klein beetje afweten van de roeihaalcyclus. Vraag daarom liever advies aan uw coach, die voor zijn taak zorgvuldig is uitgekozen en benoemd, aangezien hij hiervoor speciale cursussen heeft gevolgd, ervaring in de roeisport heeft en over fysiologische kennis op het gebied van roeien beschikt.

ZITTENDE GEWICHTTRAINING MET DE ARMEN VERSTERKT DE SPIERGROEPEN VOOR DE AANDRIJFFASE, VOORAL IN DE ARMEN EN SCHOUDERS. BLIJF RECHTOP ZITTEN, WANT ANDERS FORCEERT U UW RUGSPIEREN OF LEERT U EEN SLECHTE TECHNIEK AAN.

MET DEZE ARMOEFENING VERGROOT U ZOWEL DE KRACHT VOOR DE AANDRIJFFASE ALS HET BENODIGDE UITHOUDINGSVERMOGEN VOOR DE CONTROLE TIJDENS DE UITPIK EN RECOVER; DEZE VERGT GEEN KRACHT, MAAR PRECISIE VOOR TIMING EN HAALTEMPO.

De ergometer

Dikwijls is het door tijdgebrek en/of de weersomstandigheden niet mogelijk het water op te gaan. Of het nu regent, hagelt of sneeuwt, u kunt gelukkig altijd de roei-ergometer gebruiken ter vervanging van een trainingssessie op het water. Thuis, in de sportschool of op de roeiclub: de ergometer zal een van uw meest praktische bondgenoten worden als uw trainingsplannen onverwachts in de war worden gestuurd. Behalve dat u ermee kunt werken onder alle weersomstandigheden heeft de ergometer ook als voordeel dat u er op elk moment van de dag op kunt trainen.

Krachttraining

Krachttraining in de sportschool wordt als verplicht onderdeel opgenomen in uw trainingsprogramma, want het is onlosmakelijk verbonden met de roeitraining. De oefeningen zijn daarop gericht en de coach schrijft voor hoeveel u mag tillen, en ook de duur van de oefeningen en het aantal herhalingen.

Een typisch trainingsprogramma voor de fitnesszaal moet de volgende onderdelen bevatten:

- krachttraining met behulp van gewichten
- circuittraining (met en zonder gewichten)
- intervaltraining
- duurtraining

Het gebruik van gewichten is essentieel, maar ga hier alstublieft voorzichtig mee om, want door een slordige fout kunt u levenslang geblesseerd raken. Denk niet te gauw: oh dat doe ik wel even, om een beetje stoer te doen. Werk eerst met de lichtere gewichten in plaats van meteen met zware halters te sjouwen. Opbouw is belangrijk. Gewichten tillen die te zwaar zijn voor uw fysieke vermogen kan gemene blessures veroorzaken en uw spieren overbelasten. Spierverrekkingen of -scheuren kunnen een lelijke streep halen door uw roeiseizoen; een akelige manier om te worden uitgeschakeld. Bovendien kunt u er bij uw dagelijkse activiteiten veel last van ondervinden. Kortom: volg de instructies en u zult uw resultaten geleidelijk zien verbeteren.

OEFENINGEN OP DE 'LEG PRESS' ZIJN UITSTEKEND VOOR UW BIL-, DIJ- EN KUITSPIEREN. DEZE SPIEREN GEBRUIKT U BIJ HET ROEIEN VOOR DE EXPLOSIEVE KRACHT TIJDENS DE INPIK EN DE AANDRIJFFASE VAN DE HAALCYCLUS.

TRAINING OP DE 'LEG EXTENSION' BEVORDERT DE KRACHT EN HET UITHOUDINGSVERMOGEN VAN UW VOORSTE DIJSPIEREN, DIE U GEBRUIKT TIJDENS HET LAATSTE GEDEELTE VAN DE BEENACTIE. OOK UW BUIKSPIEREN WORDEN GETRAIND, WAT GOED IS VOOR DE ROLBANKCONTROLE.

Doe de krachttraining samen met twee of drie ploegmaten. Op die manier kunt u elkaar assisteren en indien nodig beschermen tijdens het trainen met zwaardere gewichten. Dit heeft het voordeel dat u de apparaten om de beurt gebruikt, waardoor u wel verplicht bent rust te nemen tussen de herhalingsoefeningen.

Flexibiliteit en mobiliteit

(*Bewerking van het coach- en ontwikkelingsprogramma van de FISA*)

Evenwicht en stabiliteit zijn belangrijk voor een goede boordroei- en sculltechniek. Roeiers moeten dan ook soepel en flexibel genoeg zijn om de haalbeweging te kunnen uitvoeren en de boot bij alle weersomstandigheden onder controle en in balans te houden. Het stretchen van uw spieren ter vergroting van uw lenigheid en flexibiliteit is een essentieel onderdeel van het trainingsproces. Alle roeiers wordt aangeraden stretch- en flexibiliteitsoefeningen in hun programma op te nemen. Over het algemeen zijn vrouwen leniger dan mannen, die hier vaak wat jaloers op zijn en vooral moeite hebben met de gebieden rond de onderrug en hamstrings.

MET DEZE RUGOEFENING TRAINT U UW RUG-, SCHOUDER-, BUIK- EN BILSPIEREN.

DOOR HET STRETCHEN VAN DE HAMSTRINGS EN DE LIEZEN VOORKOMT U SPIERPIJN OF STIJFHEID TEN GEVOLGE VAN HET TELKENS STREKKEN VAN DE BENEN TIJDENS DE AANDRIJFFASE.

HET STRETCHEN VAN DE HAMSTRINGS IS OOK ESSENTIEEL VOOR DE BEENACTIE BIJ HET GEBRUIK VAN DE ROLBANK.

STRETCHOEFENINGEN MET DE HAMSTRINGS EN ONDERRUGSPIEREN VERGROTEN DE FLEXIBILITEIT VAN DIE SPIEREN EVENALS VAN DE VOETSPIEREN. DAGELIJKSE STRETCHOEFENINGEN MAKEN U BIJZONDER LENIG.

Zorg altijd voor een goede warming-up aan het begin van de training of voor een wedstrijd; doe dit ten minste 10 minuten. De warming-up kan bestaan uit een eindje joggen of rustige halen maken in de boot of op de ergometer. Daarna kunt u er voor de volle honderd procent tegenaan. De flexibiliteitstraining is gericht op de warming-up en het stretchen van de spieren.
LET EROP dat u de spieren stretcht en niet verrekt! Doe de warming-up bij voorkeur in een prettige en droge omgeving, waar het wel lekker fris is.

Ontwikkeling van de mobiliteit

Er bestaan drie soorten mobiliteitstraining:

Actieve training met langzame, onafgebroken oefeningen, waardoor u de haalcycli kunt volhouden.

HET STRETCHEN VAN DE QUADRICEPS MAAKT DE SPIEREN LOS VOOR DE EXPLOSIEVE AANDRIJFFASE. HET VOORKOMT OOK SPIERPIJN DOOR HET TELKENS STREKKEN VAN DE BENEN TIJDENS DE AANDRIJFFASE.

Passieve training behelst oefeningen waarbij u uw eigen lichaamsgewicht of dat van een trainingspartner of fitnessapparaat gebruikt.

Kinetische training heeft, net als kracht- en mobiliteitstraining, betrekking op de dynamica van de sport en mag alleen worden toegepast door gevorderde roeiers.

Specifieke bewegingsonderdelen van de totale haalcyclus behoren eveneens tot het trainingspakket. Aan het einde van een trainingssessie mag een behoorlijke cooling-down niet worden overgeslagen, want anders kunt u flink spierpijn krijgen.

Mobiliteitsoefeningen

Om deze oefeningen te doen moet u eerst de posities aannemen zoals afgebeeld onder aan deze bladzijde.

Stretch uw spieren totdat ze pijn beginnen te doen. Houd deze positie in het begin ongeveer 20-30 seconden aan. Later kunt u deze stretchoefeningen opvoeren naar 45 en vervolgens 60, 70 en eventueel 90 seconden.

Zo bouwt u deze oefening goed op met een maximaal resultaat.

MET STRETCHOEFENINGEN VAN DE SCHOUDERS MAAKT U DE SCHOUDERS, RUG EN DE BICEPS LOS. DEZE SPIEREN MOET U GOED ONDERHOUDEN, WANT ZIJ VERZETTEN HET MEESTE WERK TIJDENS HET ROEIEN.

VIA DRAAIBEWEGINGEN MET DE HEUPEN STRETCHT U UW RUGSPIEREN EN WORDT UW RUGGENGRAAT SOEPELER. GOED VOOR ROEIERS DIE DE ENE KANT VAN HUN LICHAAM VAAK MEER ONTWIKKELEN DAN DE ANDERE. DRAAI UW HOOFD DE ANDERE KANT OP DAN UW BEKKEN.

Uitrusten en herstellen van de training

Het is wel goed om hard te trainen, maar het is ook belangrijk dat u rust- en herstelperioden opneemt in uw trainingsprogramma. Realiseer u dat het fysieke aanpassingsproces plaatsvindt na de trainingssessies op het moment van de herstelperioden die na elke training of oefening horen te volgen. Hoe hoger het niveau is dat u nastreeft, hoe meer u moet beseffen dat training en rust hand in hand gaan. Dit is voor lichaam én geest van belang.

Rust nemen na een wedstrijdseizoen is ook belangrijk; vaak is een totale verandering van uw dagelijkse routine de beste remedie om goed uit te rusten. Dit hangt natuurlijk ook af van de zwaarte van het jaarlijkse wedstrijdschema, bijvoorbeeld wanneer u onder grote druk hebt gestaan met veel mentale en fysieke stress na trials en kampioenswedstrijden, waar u graag wilt uitblinken. Op internationaal niveau bedoel ik de Henley-regatta, de races in Luzern, de Wereldkampioenschappen of de Olympische Spelen: daarna is een rustperiode zeker gewenst.

Waar u ook aan mee hebt gedaan, na de wedstrijd volgt altijd de vermoeidheid, die vergezeld gaat van emotionele stress die op twee manieren tot uitdrukking kan komen: de overwinningsroes als u gewonnen hebt of de teleurstelling als dit niet is gelukt. In beide gevallen zorgt rust ervoor dat uw lichaam zich weer herstelt.

Specifieke training

Elke sport stelt zijn specifieke eisen: snelheid voor sprinters, kracht voor gewichtheffers en uithoudingsvermogen en kracht voor roeiers. Ook op technisch gebied heeft elke discipline zijn eigen kenmerken; kijk maar naar golf, tennis of turnen. Bij de roeisport is het trainingsprogramma gericht op de verbetering van het uithoudingsvermogen en de toename van de spierkracht.

In uw trainingsprogramma kunt u heel gemakkelijk andere sportieve activiteiten opnemen. Sporten als fietsen, hardlopen en zwemmen komen uw conditie alleen maar ten goede. Bovendien raakt u minder snel verveeld of gedemotiveerd als u naast het roeien ook nog andere sporten beoefent. Dit neemt echter niet weg dat u nooit compromissen mag sluiten wat betreft het aantal uren dat u in de roeiboot doorbrengt. De specifieke techniek die daarvoor nodig is, vindt u bij geen enkele andere sport.

EEN ERGOMETER IS ONMISBAAR VOOR DE TRAINING BIJ SLECHT WEER. U KUNT ER OOK UW CONDITIENIVEAU GOED MEE TESTEN; UITGERUST MET EEN COMPUTER HOUDT DE ERGOMETER DE SNELHEID, HET HAALTEMPO, DE AFGELEGDE AFSTAND EN DE TIJD VAN ELKE TRAININGSSESSIE BIJ. EN U KUNT ER TE ALLEN TIJDE OP TRAINEN.

Trainingsdagboek

Het is handig om een dagboek bij te houden van uw vorderingen en persoonlijke eigenschappen, zodat u dat later terug kunt vinden. Noteer in elk geval een aantal basisfactoren:

- Noteer dagelijks uw gewicht (ga elke dag op hetzelfde tijdstip op de weegschaal staan!).
- Neem uw polsslag op voordat u uit bed stapt.
- Houd uw stoelgang bij en, voor de dames, de menstruatiecyclus.
- Drinkt u genoeg water? De optimale hoeveelheid is 4 liter per dag; ongeveer 2 dl om het kwartier.
- Krijgt u genoeg slaap en rust?
- Hoe verloopt elke training en wedstrijd?
- Welk onderdeel hebt u getraind?

Vooruitgang en persoonlijke evaluatie

Het is wel leuk en aardig om hard te trainen, maar boekt u ook vooruitgang? Heeft het trainingsprogramma het gewenste resultaat? Probeer dit voor uzelf te beoordelen en uw vooruitgang te meten. Het heeft geen zin om in het wilde de weg te gaan trainen zonder te weten wat u ermee bereikt. Regelmatige tests en evaluaties zijn cruciaal voor uw ontwikkeling. Een wedstrijd is natuurlijk wel de laatste plek om erachter te komen dat het qua techniek, kracht of uithoudingsvermogen niet helemaal lekker loopt.

Als wedstrijden gebruikt worden voor evaluatiedoeleinden, kan dat bovendien negatieve psychologische gevolgen hebben; als u boven uw niveau moet presteren, verliest u gauw uw zelfvertrouwen. Beoordeel uw prestaties tijdens trainingssessies, zodat u voor de belangrijke wedstrijden in topvorm verkeert. Lees ook uw trainingsdagboek. Niet alleen is het leuk om terug te lezen hoeveel vooruitgang u hebt geboekt en hoe snel u dat hebt gedaan; het is ook nuttig om deze informatie over uzelf en uw lichaam te weten.

BIJ DE JAARLIJKSE HENLEY ROYAL REGATTA WORDEN DE STROHOEDEN EN OUDE SCHOOLUNIFORMEN UIT DE KAST GEHAALD, EEN MOOI VOORBEELD VAN DE ENGELSE TRADITIE. HET WINNEN VAN DEZE RACE MAAKT DE ROEIERS ZEER POPULAIR; ZIJ DOEN ER ALLES AAN OM ZICHZELF DE AFGANG VAN EEN EVENTUEEL VERLIES TE BESPAREN.

Contact opnemen

De meeste roeiverenigingen beschikken over uitstekende trainingsfaciliteiten en roeiboten ten behoeve van hun led Meestal zijn er ervaren roeiers binnen hun geledingen, die de lokale situatie op het water goed kennen en betrouwbare kunnen geven. Daarnaast kunnen zij u begeleiden bij de training en u helpen vooruitgang te boeken op het water.

NATIONALE EN INTERNATIONALE ROEIORGANISATIES

NEDERLAND

Koninklijke Nederlandse Roeibond

- Bosbaan 6, 1182 AG Amstelveen
- Tel: 020 646 2740
- Fax: 020 646 3881
- Website: www.nlroei.nl

Stichting Nlroei

- Fluweelplein 47, 7553 MG Hengelo
- Tel: 074 250 1723
- Fax: 074 250 1726
- Website: info@nlroei.nl

BELGIE

Koninklijke Belgische Roeibond

- Ter Vieren 4, 9031 Drongen
- Tel: 0032 9 281 0505

INTERNATIONAAL

Internationale Roei Federatie (FISA)

- Av. de Cour 135, Case Postale 18, 1000 Lausanne 3, Switzerland
- Tel: 21 617 8373
- Fax: 21 617 8375
- E-mail: info@fisa.org
- Website: www.fisa.org

AFRIKA

ZUID-AFRIKA

- **Rowing South Africa**
- PO Box 908, Parklands 2121, Gauteng
- Tel: 11 643 8086
- Fax: 11 484 1416
- E-mail: rowing.sa@mweb.co.za
- Website: www.pix.za/rowsa

ZIMBABWE

- Rowing Association of Zimbabwe
- PO Box CY 285, Causeway, Harare
- Tel: (4) 497 525
- Fax: (4) 668 250

AZIE

HONG KONG

- **Hong Kong China Rowing Association**
- Sha Tin Rowing Centre, 27 Yuen Wo Road, Sha Tin. N.T., Hong Kong
- Tel: (2) 699 7271
- Fax: (2) 601 4477
- E-mail: hkcra@hkstar.com
- Website: www.hkcra.org

JAPAN

- **Japan Rowing Association**
- C/o Kishi Memorial Hall, 1-1-1, Jinnan, Shibuya-ku, Tokyo
- 150 8050
- Tel: (33) 481 2326
- Fax: (33) 481 2327

EUROPA (OVERIGE LANDEN)

DENEMARKEN

- **Danish Federation for Rowing**
- Skovalleen 38A, Postboks 74, 2880 Bagsvaerd
- Tel: (44) 440 633
- Fax: (44) 440 449
- E-mail: dffr@roning.dk
- Website: www.roning.dk

FRANKRIJK

- **French Rowing Federation**
- 17 Boulevard de la Marne, 94736 Nogent sur marne Cedex
- Tel: (1) 4514 2640
- Fax: (1) 4875 7875
- E-mail: ffsa@avironfrance.asso.fr
- Website: www.avironfrance.fr

DUITSLAND

- German Rowing Association
- Maschstrasse 20, 30169 Hannover
- Tel: (511) 980 940
- Fax: (511) 980 9425
- E-mail: ruderverband@t-online.de
- Website: www.ruderverband.org

GROOT-BRITTANNIE

- **Amateur Rowing Association**
- The Priory, 6 Lower Mall, Hammersmith, Mondon W6 9DJ
- Tel: (20) 8748 3632
- Fax: (20) 8741 4658
- E-mail: sophie@ara-rowing.org
- Website: www.ara-rowing.org

GRIEKENLAND

- **Hellenic Rowing Federation**
- 22 Alex Koumoundourou Street, 185 33 Piraeus
- Tel: (1) 411 8011
- Fax: (1) 411 8088 / 413 4404
- E-mail: ekofns1@aias.gr
- Website: www.sportsib.com/ekofns

IERLAND

- **Irish Amateur Rowing Union**
- House of Sport, Longmile Road, Dublin 12
- Tel: (1) 450 9831
- Fax: (1) 450 2805
- E-mail: info@iaru.ie

ITALIE

- **Italian Rowing Federation**
- Viale Tiziano 70, 00196 Roma
- Tel: (06) 323 3801
- Fax: (06) 368 58148
- E-mail: segreteria@canottaggio.org
- Website: www.canottaggio.org

SPANJE

- **Spanish Rowing Federation**
- Nuñez de Balboa 16, 1° Izq, 28001 Madrid
- Tel: (91) 4314 709/575 5920
- Fax: (91) 577 5357
- E-mail: e-mail@federemo.org
- Website: www.federemo.org

ZWEDEN

- **Swedish Rowing Federation**
- Idrottens Hus, 12387 Farsta
- Tel: (8) 605 6435
- Fax: (8) 947 830
- Website: www.roddsverige.nu

ZWITSERLAND

- **Swiss Rowing Federation**
- Brünigstrasse 182a, 6060 Sarnen
- Tel: (41) 660 7557
- Fax: (41) 660 9443
- E-mail: info@ruderverband.ch
- Website: www.ruderverband.ch

NOORD-AMERIKA

CANADA

- **Rowing Canada Aviron**
- PO Box 17000, STN, Forces, Victoria, BC, V9A 7N2
- Tel: (250) 361 4222
- Fax: (250) 361 4211
- E-mail: rca@rowingcanada.org
- Website: www.rowingcanada.org

VERENIGDE STATEN

- **US Rowing**
- 201 S Capitol Ave, Suite 400, Indianapolis, IN 46225
- Tel: (317) 237 5656
- Fax: (317) 237 5646
- E-mail: members@usrowing.org
- Website: www.usrowing.org

ZUID-AMERIKA

BRAZILIE

- **Brazilian Rowing Confederation**
- Av. Borges de Medeiros, 1424
- Gavea, Estadio de Remo da Lagoa, CEP 22770-000 Rio de Janeiro
- Tel: (21) 294 3342
- Fax: (21) 294 3342
- E-mail: cbr-remo@infolink.com.br

RUSLAND

- **Russian Rowing Federation**
- Loujnetskaia nab 8, Moscow 119871
- Tel: (7) 095 201 0465
- Fax: (7) 095 201 0128

Woordenlijst

Aandrijffase Het gedeelte van de haalcyclus tussen de inpik en de uitpik. Tijdens deze fase is het blad onder water.

A-frame Het frame waarmee de dolhoek in de lengterichting wordt afgesteld.

Achtersteven De achterkant van de boot.

Achterstop Positie van de rolbank aan de boegzijde, als de roeier een hele bank heeft geroeid. Dit is eveneens de positie van de uitpik. De benen van de roeier zijn dan gestrekt.

Binnenboord of binnenhandel Het gedeelte van de riem tussen de handel en het midden van de dolpen.

Blad Het vlak aan het uiteinde van de boordroei- en scullriem dat in het water wordt gezet.

Boeg De voorkant ofwel het uiteinde voor aan de boot.

Boegbal Dit is meestal een witte rubberen bal op de scherpe punt van de boeg. De doorsnede van de boegbal mag niet minder dan 4 cm zijn.

Buitenboord of buitenhandel Het gedeelte van de riem dat boven het water 'hangt' tussen de dolpen en het uiteinde van het blad.

De haal om zeep helpen Als het blad tijdens de aandrijffase uit het water komt.

Dol Het U-vormige plastic onderdeel dat op de rigger is bevestigd en dat de riem vasthoudt. De dol draait met de riem mee tijdens de haal en roteert zelf op een dolpen.

Dolboord De bovenrand van de zijkant van de boot.

Dolhoek of helling De stand van de dolpen die de hoek van het blad ten opzichte van het water bepaalt (zijdelings of in de lengterichting).

Doloverslag Deze metalen pen wordt met een schroef aangedraaid om de dol af te sluiten.

Dolpen Afstelbare pen die de dolhoek met de rigger regelt en de riem op zijn plaats houdt. De dolpen vormt ook het punt waar de tijdens de aandrijffase geproduceerde kracht de boot voortbeweegt.

Haal Een haalcyclus bestaat uit de inpik, de aandrijffase, de uitpik en de recover. Het tempo van meerdere haalcycli wordt aangegeven door 'de slag', de boordroeier of sculler die het dichtst bij de achtersteven zit.

Haaltempo Het aantal halen dat per minuut wordt gemaakt.

Het span De afstand tussen de dolpen en het midden van de boot.

Hielstrips De koorden waarmee de beweegbare schoenen aan het voetenbord vastzitten. Hierdoor buigt de schoen niet te ver door en kan de roeier in geval van nood zijn voeten snel losmaken.

Horizontaal kantelen Het blad wordt horizontaal en parallel met het water gedraaid tijdens de recover (behalve wanneer men roeit met het blad in verticale stand tijdens die fase). Dit mag pas gedaan worden als het blad uit het water is geheven.

Inpik Een andere term voor het begin van de haal.

Kraag Een ronde plastic ring die tegen de dol aan drukt en riemschacht en handel van elkaar scheidt.

Lengte De lengte van de haal (geeft ook de denkbeeldige boog weer die het blad bij de haal maakt).

Peddelen Een algemene term voor roeien of scullen.

Ploeg Het aantal personen - twee, vier of acht - dat een roeiteam vormt.

Recover Moment tussen het uitheffen en de inpik, wanneer het blad uit het water is.

Riggerafstelling Door deze afstelling wordt de boot aangepast aan de fysieke behoeften van de bemanning; dit betreft de beweegbare delen van de rigger en het blad, de stand van de dolpen, de dolhoogte en de stand van het voetenbord.

Riggers Het frame dat zich boven het water uitstrekt vanaf de dolboorden. Op de riggers zijn ook de dol en dolpen bevestigd.

Ritme De optimale verhouding tussen de recover- en de aandrijffasen; dit kan per ploeg verschillen.

Roeibank Een vaste bank in boten zonder slidings. Daardoor zijn de benen altijd gestrekt en wordt de haal alleen door het bovenlichaam uitgevoerd.

Schacht Het gedeelte van de boordroei- en scullriem tussen het blad en de handel.

Scullriem Een kortere roeiriem die voor het scullen wordt gebruikt.

Slagzij De bakboordzijde (linkerkant) van de boot.

Sliding De rails waarop de rolbank heen en weer rolt.

Span De afstand tussen de dolpennen in een sculler.

Stuurman Een ploeglid dat niet meeroeit, maar de boot bestuurt met een roer en de overige ploegleden stimuleert en aanwijzingen geeft.

Twee of dubbeltwee Een roeiboot voor twee roeiers, met of zonder stuurman.

Uitheffen Het moment waarop het blad (de bladen) uit het water wordt geheven aan het einde van de haal.

Vakmanschap De kennis van de boten en lokale vaaromstandigheden in aanvulling op de technische vaardigheden die nodig zijn om een boot voort te bewegen.

Verticaal kantelen Het kantelen van het blad in verticale stand (een hoek van ongeveer 90° ten opzichte van het water).

Vin Een metalen, plastic of houten vin aan de onderkant van de romp, die voorkomt dat de boot opzij zwiept. De vin fungeert als een stabilisator bij de sturen.

Voetenbord Afstelbaar voetenbord waarop de beweegbare schoenen worden bevestigd en waar de voeten tegenaan duwen.

Voetenbordhoek Dit is de stand van het voetenbord (horizontaal gemeten). Deze hoek bedraagt gewoonlijk 45°.

Voorstop Positie van de rolbank aan de kant van de achtersteven. Hierin zit de roeier aan het begin van de haalcyclus met de knieën opgetrokken wanneer de rolbank naar voren is gerold.

Walzijde De stuurboordzijde (rechterkant) van de boot.

Wedstrijdboot Lichte gestroomlijnde boten met een houten of kunststof huid.

Zetboord Zijkant van de boot boven de waterlijn waarop de riggers zijn bevestigd.

Zijframe Zijdelingse afstelling van de dolhoek of helling.

Zijsteun Een metalen staaf die gewoonlijk is bevestigd aan de bovenkant van de dolpen en de helling van het blad bepaalt.

Zonder stuur Een dubbeltwee of dubbelvier zonder stuurman die roeiers leidt en aanmoedigt.

EEN SKIFFEUR KLAAR VOOR DE INPIK. HET KAN JAREN DUREN VOORDAT U DEZE MATE VAN BALANS BEREIKT.

Register

Fotoverantwoording

Allsport/Touchline: blz. 7, 8 (boven), 11, 14, 15, 18, 29, 54, 58 (boven), 74 (onder); **Bridgeman Art Library:** blz. 8 (onder); **Colorsport:** blz. 13, 55, 91; **Independent Rowing News:** blz. 35, 72, 79; **Caroline Jones:** blz. 6-7; **© IOC/Olympic Museum Collections:** blz. 10; **The River and Rowing Museum:** blz. 9; **Joel W Rogers:** blz. 2, 4-5, 12, 16, (onder), 19 (onder), 44 (onder), 45, 46 (boven), 56 (boven), 59, 76 (onder), 77, 82, 83.